KB134338

표준, 4차 산업혁명 시대를 열다

KSA 한국표준협회

스마트 산업, 스마트 혁신, 스마트 성장을 창조하는 표준으로 4차 산업혁명을 대비해야 합니다

올해 세계경제포럼(WEF)에서 스위스 금융그룹인 UBS가 '4차 산업혁명에 가장 잘 적응할 수 있는 국가평가'를 발표했는데 우리나라는 평가 대상국 139개국 중 25위에 그쳤습니다. 노동시장의 유연성, 기술 수준, 교육 수준, 인프라 수준, 법적 보호를 평가한 결과 1위는 스위스였고 미국과 일본이 4위와 12위를 기록했습니다.

4차 산업혁명을 준비하면서 우리 사회와 산업계는 구체적인 전략과 방안을 마련해야 할 시점에 있습니다. 기술 측면에서는 로봇·3D프린팅·인공지능 등 첨단 제조기술 개발과 가상현실·증강현실 등 정보기술(IT) 융합을 통한 제조 스마트화가 필요합니다. 우리는 선진국의 70~80%인 기술 수준에서 추격 중인데 산업계의 스마트 실행전략과 지원기반은 상대적으로 미흡한 실정이기 때문입니다.

최근 국내 산업계는 스마트 기술 시스템화가 상대적으로 취약해 해외 선진기술에 종속될 우려가 크다는 우려의 목소리가 높습니다. 그동안 한국은 선진국과의 공동 기술개발과 표준화 협력에 소극적이었던 것이 한 원인일 것입니다. 장기적 관점에서 한국의 스마트 제조경쟁력 강화를 위해서는 선진국과의 보다 적극적인 전략적 제휴가 필요한 상황입니다.

이러한 맥락에서 한국표준협회는 『Next Standards 2017 - 표준, 4차 산업혁명 시대를 열다』를 발간하게 되었습니다. 이 책은 올해 표준협회가 기술혁신학회와 공동으로 실시한 제4회 표준정책 마일스톤 『R&D, 기술혁신, 그리고 표준』 연구 공모전에 선정된 우수 정책논문 7편과, 우리 협회에서 발간한 KSA Policy Study 6편을 더하여 총 13편의 자료를 다듬어서 하나로 묶어낸 것입니다.

『Next Standards 2017』은 4차 산업혁명을 대비하기 위한 스마트 산업시대에서의 제도적, 기술적 고민들을 담은 '스마트 산업을 창조하는 표준 - 스마트 혁신을 창조하는 표준 - 스마트 성장을 창조하는 표준'으로 구성하였습니다. 가장 먼저 〈스마트 산업을 창조하는 표준〉 파트에서는 중소기업형 스마트공장 표준화, 제조업 르네상스와 표준화, ICT 분야의 국내외 적합성 평가제도, ICT 분야 적합성 평가제도의 민간화, 융합 R&D 표준개발 정책 등 다섯 가지 고민과 정책 제언을 담았습니다.

다음으로 기술혁신과 특허출원과의 관계 분석을 통한 표준-혁신의 관계, ISO의 중장기 전략방향, 차세대 표준전문가 양성전략, 국내 제조기업의 표준활용 실태 등 기술혁신 지원 관점에서 필요한 다양한 분석과 시사점을 담아 〈스마트 혁신을 창조하는 표준〉 파트로 구성하였습니다.

마지막으로 〈스마트 성장을 창조하는 표준〉 파트에서는 중소기업의 표준화 활동 특성 프로파일링, 중소기업의 표준화 집중도와 매출성과, 한국과 중국의 표준 비교, 4차 산업혁명을 이끌 파괴적 기술과 표준화에 대한 다양한 설문 및 자료분석을 통해서 더 나은 표준정책을 제시하고자 하였습니다.

부디 이 책에 수록된 다양한 통찰과 제언들이, 우리 산업계가 스마트 사회를 선도하고, 우리 경제가 재도약하는 데 기틀이 되었으면 합니다. 감사합니다.

2016. 12. 한국표준협회장 백수현

Contents

Part 2.
스마트 혁신을 창조하는 표준

Part 3.
스마트 성장을 창조하는 표준

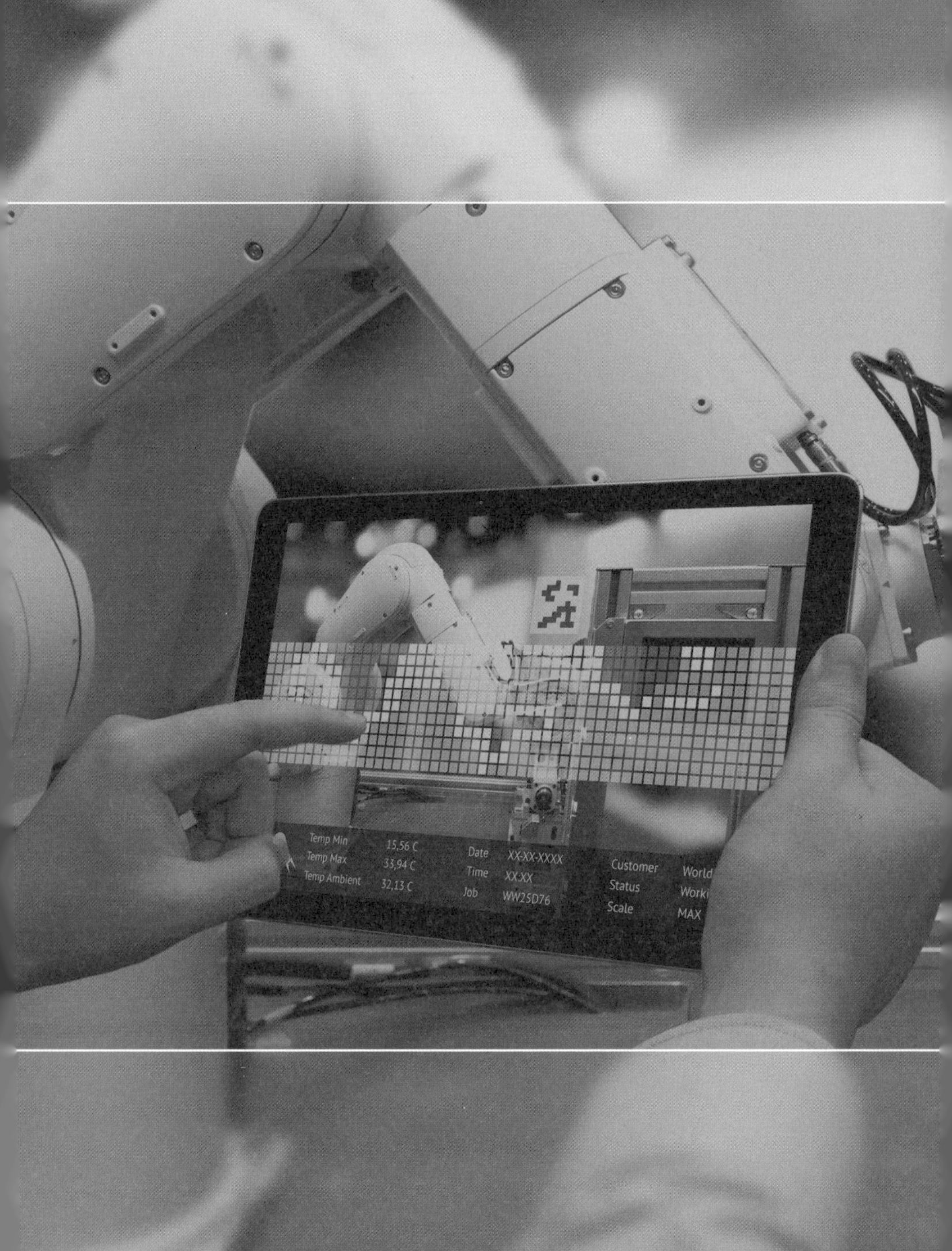
Temp Min
15,56 C
Temp Max
33,94 C
Temp Ambient
32,13 C
Date
XX-XX-XXXX
Time
XX:XX
Job
WW25D76
Customer
Status
Scale
MAX

Part 1

스마트 산업을 창조하는 표준

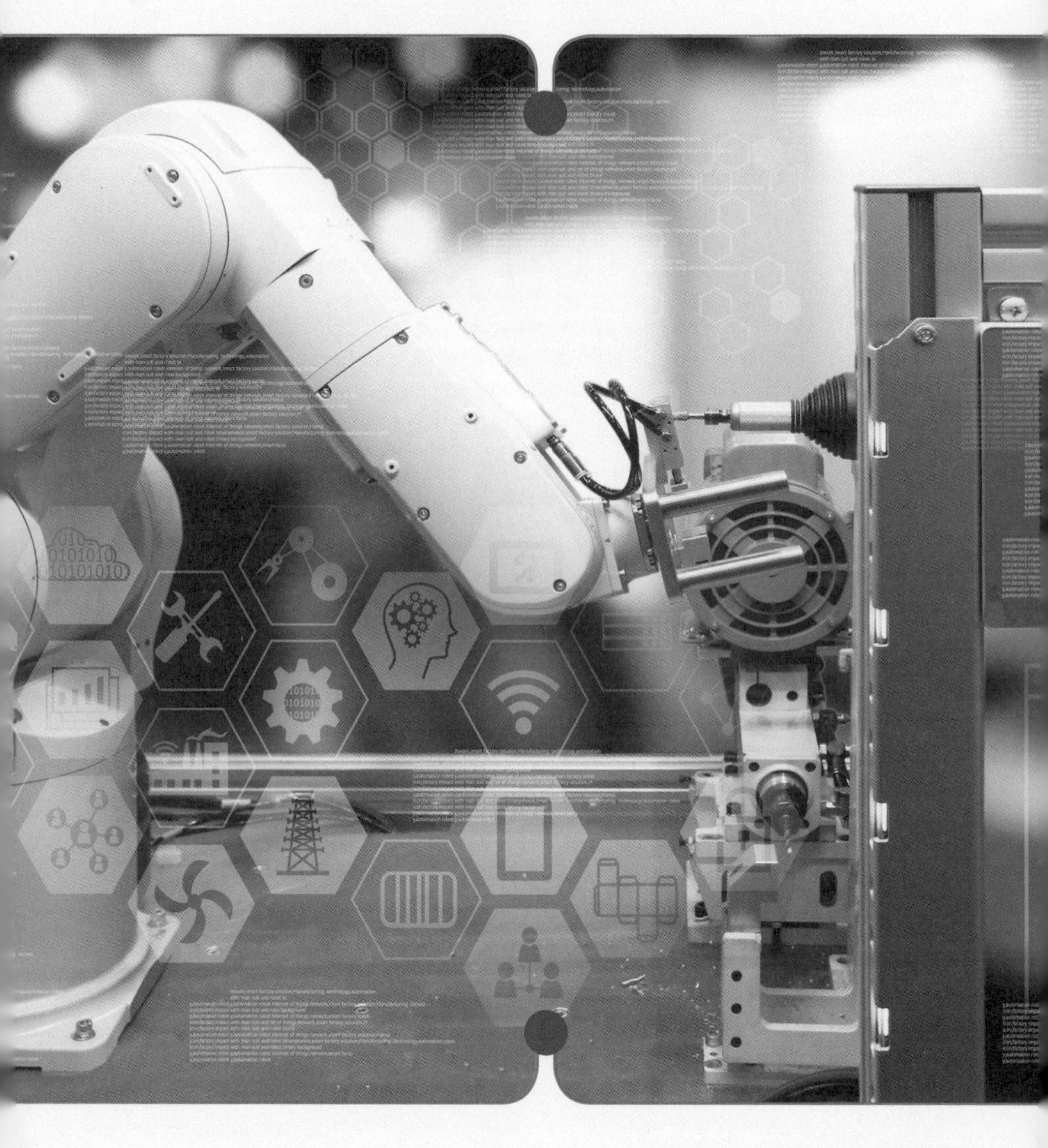

INSIGHT 01.

중소기업의 경쟁력을 높이는 스마트공장 표준화 전략

글 | **정선양**(건국대학교 경영대학 기술경영학과, sychung@konkuk.ac.kr)
전중양(건국대학교 경영대학 기술경영학과, bpr@hanmail.net)
황정재(건국대학교 경영대학 기술경영학과, ohnhop@naver.com)

선진국들은 전기전자, 자동차, 기계 등의 제조업에서 ICT 기술을 적용한 스마트공장을 활발히 도입해 생산품질을 높이고, 생산환경을 유연한 체제로 변화시키고 있다. 우리나라 또한 대기업 중심으로 스마트공장을 실현해 나가고 있으나, 중소기업들의 경우 기술적·재무적 어려움으로 인해 적극적으로 도입하지 못하는 실정이다. 따라서 중소기업들이 스마트공장을 도입하도록 하기 위해선 중소기업에 적용 가능한 스마트공장 표준화 전략과 확산방안을 마련해야 할 것이다. 스마트공장의 확산에는 기술적, 조직적, 산업적, 정책적 요인이 크게 영향을 미치는데, 이 글에서는 특히 우리나라 뿌리산업 중 하나인 금형 분야 두 기업의 사례를 살펴보았다. 이를 바탕으로 향후 중소기업이 스마트공장 구축을 위한 표준화 전략인 국제표준화, 정부주도 표준화, 기업주도 표준화, 비표준화 추진 등을 제안하고자 한다.

※ 이 글은 2016년 한국표준협회가 주관한 〈제4회 표준정책 마일스톤 연구 – R&D, 기술혁신, 그리고 표준〉의 지원을 받아 수행된 연구 논문 '중소기업의 글로벌 경쟁력 제고를 위한 스마트공장 표준화 전략'을 칼럼 형태로 재작성한 것입니다. 참고문헌은 한국표준협회(www.ksa.or.kr)에서 확인할 수 있습니다.

중소기업의 경쟁력을 높이는 스마트공장 표준화 전략

최근 제조기업 혁신전략의 일환으로 스마트공장에 대한 관심이 매우 높아지고 있다. ICT의 발전은 산업 전반에 걸쳐 커다란 파급력을 가져와 이를 '4차 산업혁명'으로 표현하고 있다. 4차 산업혁명의 물결 중 제조업에서는 생산설비 스스로가 생산과정 전반에 대한 정보를 수집하고 판단하여 자동생산할 수 있도록 하는 '스마트공장(smart factory)'이 현실적인 대안이 되고 있다. 전문가들은 ICT에 기반을 둔 스마트공장의 구축과 활용이 향후 중소기업의 제조 경쟁력을 좌우할 것으로 예상하고 있다.

주요 제조 선진국인 독일, 미국, 일본 등은 이미 스마트공장을 국가 어젠다로 다루고 있으며, 지능화되고 유연한 생산체제를 구축하기 위한 방안으로 시스템의 수직적, 수평적 통합을 추진하고 있다. 선진국들은 유연한 생산체제 구축을 위해 대기업과 중소기업 간의 상호협력을 통한 시스템 통합의 완성도를 높이고 품질향상, 원가절감, 국제표준화 확립을 통해 세계시장에 보다 효율적으로 진출하기 위해 노력하고 있다.

반면, 한국의 제조업은 일반 소비자용과 산업용 제품을 생산하는 공장으로 경영, 영업·수주, 제품 기획, 설계, 개발, 원부자재 구매, 제조, 품질검사, 재고관리, 출하 등 다양한 사업 활동을 하고 있으며, 제조공정 또한 대부분 외산 장비를 수입·운영하고 있어 해외 소프트웨어와 하드웨어 공급 의존도가 높게 형성되어 있을 뿐만 아니라 자체 개발에도 많은 애로사항을 가지고 있다. 특히 대기업은 자체 시험인증체계와 표준화 체계를 마련하고 있는 반면 중소기업은 표준화 준비에 있어 무방비 상태에 놓여 있어 기업 간 공동협력을 통한 표준화 마련이 시급하다.

우리나라 정부는 제조업의 중요성을 인식하고 정부정책의 일환으로 산업혁신 3.0의 개념을 도입하여 5년간 스마트공장 1만 개 보급을 목표로 중소기업들에게 스마트공장 보급을 위한 자금지원과 우수모델의 발굴과 확산에 속도를 내고 있다. 그러나 우리 중소기업들의 기술수용 능력, 자금부족, 표준화 모델 부족 등에 의해 스마트공장의 중소기업들에 대한 확산이 아직 충분히 이루어지고 있지 않다.

우리나라 중소기업들에게 스마트공장이 폭넓게 확산되기 위해서는 다양한 수준의 스마트공장 표준화가 이루어져야 할 것이다. 특히 중소기업이 스마트공장의 기초수준에서 탈피하기 위해서는 국내의 자체적인 개념화와 표준화가 필요하며 정립된 자체표준을 국제표준화로 추진하기 위해 정부와 기업들이 함께 협력하여 시장을 선도할 필요가 있다.

≫ 국가 기술경쟁력 원천인 뿌리산업의 스마트공장 확산돼야

우리나라 스마트공장의 적용대상은 제조업 전반을 대상으로 하나 대기업 계열사를 비롯한 주요 기업들은 이미 구축을 완료한 상태이다. 따라서 최근에는 뿌리산업에 속한 중소기업들이 중요한 비중을 차지하고 있다.

중소기업이 세계적인 경쟁력을 가지고 있는 독일의 경우에는 역사적으로 스마트공장을 포함한 새로운 생산기술의 표준화와 확산을 위한 대단한 노력이 이루어지고 있다. 이 같은 노력은 지속적으로 이어져 와 최근 스마트공장의 체계적 구축과 도입을 위한 'Industrie 4.0' 등의 전체적인 정부 프로그램이 진행되어 오고 있다.

국가의 기술경쟁력 확보를 위해서는 기업이 경쟁력을 보유하는 것이 대단히 중요한 요소인데, 이를 뒷받침해주는 원천이 뿌리산업(Root Industry)이다. 뿌리산업의 기술영역은 주조, 금형, 소성가공, 용접, 표면처리, 열처리 등 제조업의 전반에 걸쳐 활용되는 공정기술로서 대통령령으로 정하는 기술들을 말한다.

국가뿌리산업진흥센터(2015)에 따르면[1], 우리나라 뿌리산업에 속한 중소기업들은 스마트공장을 충분히 도입하고 있지 않은 것으로 나타났다. 스마트공장 도입 기업의 업종별 현황으로 본 뿌리산업 기업의 참여비중은 12.3%로 나타났다. 스마트공장 도입 기업의 48.9%는 소재·부품기업이었고, 규모별로는 매출액 50억 미만의 기업이 39.6%, 종업원 수 20~49인 규모 기업이 40.6%로 가장 높은 비중을 차지하였다. 지역별로는 수도권에 347개로 28.0%, 비수도권은 893개로 82.0%가 분포하는 것으로 나타났다. 여기에 중소기업들을 위한 스마트공장 표준화의 필요성이 있으며 이를 통한 스마트공장 확산의 중요성이 대두되고 있다.

≫ 중소기업 스마트공장 확산에 정책적 요인 매우 중요

기술표준화는 크게 기업관점과 정부관점 등 두 가지 관점에서 접근할 수

1. 국가뿌리산업진흥센터 (2015), 「스마트공장 구축 보고서」, 서울: 한국생산기술연구원.

있다. 기업관점에서 기술표준화는 기업의 경제적 이익에 기반한 신규시장 진출과 선점을 위한 경쟁전략으로, 정부관점에서 기술표준화는 정부주도에 의해 특정 산업의 전반적인 경쟁우위 제고와 공공의 이익 보호를 목적으로 추진된다. 두 관점 모두 기업과 국가 차원의 신규시장 진입 또는 기존시장의 확대를 위한 전략적 요소가 포함되어 있다.

이처럼 중요한 표준의 문제는 기술의 확산(diffusion)과 긴밀한 관련이 있다. 즉, 기술표준의 확보는 해당 산업에 있어서 해당기술의 폭넓은 확산을 가져오면서 해당 기업과 산업의 경쟁우위 확보에 결정적인 기여를 한다. 그 결과 표준의 확보와 기술의 확산은 정부의 중요한 정책적 과제로 인식되어 왔다.

그동안 스마트공장의 확산과 관련한 영향요인에 관한 다양한 연구들이 있어 왔다. Chung(1996)과 Chung & Lay(1997)은 스마트공장의 초기단계 기술인 신생산기술의 확산 전략에 관해 한국과 독일을 비교분석하면서 이들 기술의 확산에 미치는 영향 요인으로 국가의 산업구조, 국가의 과학기술체제, 신생산기술의 사용자와 공급자와의 관계, 그리고 신생산기술을 수용하는 기업의 행위 등 네 가지를 제시하고 심층분석하였으며, 이들 신생기술의 확산전략과 관련해 국가의 고유한 상황에 맞는 전략을 추구해야 할 것임을 강조하였다.[2]

Tidd & Bessant(2013)는 기술혁신의 확산 패턴은 수요측면의 요소와 공급측면의 요소들의 상호작용에 달려있음을 강조하고, 수요측면의 요소로는

2. Chung, S. (1996), Technologiepolitik für neue Produktionstechnologien in Korea und Deutschland, Heidelberg: Physica-Verla; Chung, S. and Lay, G. (1997), "Technology Policy between 'Diversity' and 'One Best Practice' – A Comparison of Korean and German Promotion Schemes for New Production Technologies", Technovation, November/December: 675-693.

기존 수용자와의 접촉, 수용자의 기술혁신의 효과와 위험에 관한 선입견 등을 제시하고 있고, 공급측면의 요소들로는 기술혁신의 상대적 장점, 정보의 이용가능성, 기술혁신의 장애요인, 기술혁신의 개발자와 사용자 간의 상호작용 등을 들고 있다.[3] 아울러 Tidd & Bessant(2013)는 기술혁신의 수용을 확산과 구분하여 설명하면서 기술혁신의 수용에 미치는 영향을 기술혁신 자체의 특징, 수용자의 특징, 환경의 특징 등 세 가지 군집으로 구분하고 있다. 기술혁신의 특징은 기술혁신의 상대적 장점, 조화성, 복잡성, 시험가능성 등을 포함하며, 환경의 특징은 경제적 요인, 사회적 요인 등을 포함하고, 수용자의 특징은 개별 수용자로서 나이, 교육, 사회적 위치 등을 나타내는데 기업 수용자의 경우에는 기업의 역사, 전략, 기술능력 등을 나타내는 것으로 파악할 수 있다.[4]

기술혁신이 시스템적인 성격 혹은 네트워크적인 성격이 있을 경우에는 보다 이를 수용하고 확산하기 위하여 포괄적인 요소들을 경영하여야 한다. Chakravorti(2004)는 시스템 기술의 경우에는 기술혁신의 확산을 촉진 혹은 방해하는 하부구조, 보완제품, 지원 서비스 등을 포함하는 공급측면의 요소들과 잠재적 수용자의 불확실성, 이들 간의 커뮤니케이션 등 수요측면의 요소들이 관리되어야 함을 강조하고 이를 수용 네트워크(adoption network)로 표현하고 있다.[5]

기술혁신의 개발과 확산에 있어서 수용자, 즉 사용자의 중요성을 강조한

3. Tidd, J. and Bessant, J. (2013), Managing Innovation: Integrating Technological, Market and Organizational Change, Fifth Edition, Chichester: John Willy & Sons, p.370.
4. Tidd, J. and Bessant, J. (2013), Managing Innovation: Integrating Technological, Market and Organizational Change, Fifth Edition, Chichester: John Willy & Sons, p.373.
5. Chakravorti, B. (2004), "The Role of Adoption Networks in the Success of Innovations", Technology in Society, 26: 469-482.

역사는 매우 깊다. 특히 von Hippel(1978, 1988)은 현대의 시장이 매우 이질적이라는 점을 강조하면서 기술의 개발과 확산에 있어 사용자(users) 조기참여의 중요성을 강조하며 그 이유로 장기간의 시행착오 기간을 통해 사용자 수요의 세심한 이해에 필요한 기간을 단축할 수 있으며, 사용자 의견의 투입은 제조용이성을 가져오고, 작은 틈새 고객의 니즈도 쉽게 충족시킬 수 있음을 제시하고 있다.[6]

그럼에도 불구하고 기술혁신의 수용과 확산에 있어서 가장 근본적인 요인은 기술혁신의 특징 그 자체이다. 일찍이 Rogers(1962, 1983)는 기술혁신이 잠재적 수용자에게 인식되도록 하며 기술의 수용률에 영향을 미치는 요인으로 기술혁신의 상대적 강점, 조화성, 복잡성, 시험가능성, 인지가능성 등 다섯 가지를 제시하고 있는데[7], 이에 대해서는 Tidd & Bessant(2013)도 유사하게 지적한 바가 있다.

이상의 논의를 바탕으로 스마트공장의 확산에 영향을 주는 요인은 대체적으로 기술적 요인, 조직적 요인, 산업적 요인 등으로 요약할 수 있다. 여기에서 기술적 요인은 스마트공장의 시스템적 특성, 복잡성 등을, 조직적 요인은 수용기업의 기술능력, 경영전략, 기술수용가능성 등을, 산업적 요인은 스마트공장을 활용하는 기업들이 속해 있는 산업의 전반적 특징과 분업관계 등을 나타내준다. 이들 세 요인에 덧붙여서 한국적인 풍토에 있어서는 추가적으로 중요한 요인이 있는데, 이는 정부의 정책적 요인이다. 그동안 우리 정부는 스마트공장의 확산을 위해 다양한 정책적 노력을 기울여 왔으며, 특히 중소기업들에게 정책적 요인은 대단히 중요하게 작용한다.

---

6. von Hippel, E. A. (1978), "Users as Innovators", Technology Review, January: 31-37; von Hippel, E. A. (1988), The Sources of Innovation, New York: Oxford University Press.
7. Rogers, E. M. (1962, 1983), Diffusion of Innovations, New York: Free Press.

≫ 국내 금형 분야 대표기업의 스마트공장 도입 사례

이 글에서는 앞서 정리한 기술적 요인, 조직적 요인, 산업적 요인, 정책적 요인 등 네 가지 요인을 중심으로 국내 스마트공장의 사례를 뿌리산업을 대상으로 살펴보았다. 뿌리산업은 크게 금형, 주조, 소성가공, 용접, 표면처리, 열처리 등 여섯 개 분야로 구성되어 있다. 이들은 스마트공장 도입의 기술 영역, 기술수준, 표준화 복잡도 등에 있어서 상당한 차이를 보이는데, 이들 중 금형분야는 표준화 복잡도가 낮은 편이고 스마트공장 확산의 정도가 다른 분야보다 높다는 점에서(국가뿌리산업진흥센터, 2015), 다른 분야에도 적용 가능한 시사점을 얻을 수 있을 것으로 보인다. 금형분야에 속하는 대표적인 두 기업인 ㈜재영솔루텍과 고려정밀공업㈜은 다음과 같은 전략을 통해 스마트공장을 도입하였다.

≫ ㈜재영솔루텍: 금형시장 환경변화 대응을 위한 스마트공장 구축

재영솔루텍은 1976년 설립 이래 수입금형의 국산화를 다수 실현하여 업계를 선도하여 왔으며 1995년부터 '플라스틱응용 기술연구소'를 신설하여 R&D 역량개발에 중점을 두고 있다. 또한, 하이테크 고부가가치를 추구하는 뿌리기업으로 금형기술력을 바탕으로 한 미래정보통신, 정보전자, 자동차부품의 사출성형금형을 생산하는 뿌리산업 분야 전문업체이다. 최근에는 고도화된 기술력과 경험을 바탕으로 한 시스템을 개발하고 응용하는 분야로 확장하여 세계적 기업으로 성장하고 있다. 재영솔루텍은 금형제품의 거의 대부분을 해외로 수출하기 때문에 표준화 규격, 품질, 성능은 물론이며 수요처와의 커뮤니케이션이 무엇보다 중요하다는 걸 인식하고 있다.

재영솔루텍은 다른 기업들과 달리 내부 핵심역량 강화를 위해 기업부설

연구소를 설립하고 꾸준한 R&D 활동을 통해 기술혁신의 근원인 제품혁신과 공정혁신 모두를 안정화하는 데 성공하였다. 또한 금형시장의 환경변화에 따라 ICT를 활용한 스마트공장 구축계획을 오래전부터 수립·추진해 왔으며, 지속적으로 자동화와 정보시스템 구축 등에 투자를 아끼지 않았다.

≫ ㈜재영솔루텍의 스마트공장 채택과 확산요인

① **기술적 요인** 재영솔루텍은 최근 IT기술의 급속한 발전으로 금형부품에도 QR코드, RFID 등을 이용한 금형정보 관리방법을 도입 중이다. 절삭가공 종료 후 동일기계에서 레이저로 QR코드를 부품표면에 직접 가공한 후 이를 스마트폰으로 촬영, 금형의 상세 제조정보를 모바일 기기로 열람하도록 하는 뿌리기술과 IT기술의 융합 서비스 개발도입이 필요하게 되어 스마트공장을 추진하였다.

이를 통하여 금형부품 제작 시 레이저를 이용하여 금형부품 표면에 QR코드를 자동 기입토록 하였고, 수요기업이 스마트폰으로 QR코드를 스캔하면 금형부품의 상세정보를 즉시 얻을 수 있게 하였다. 스마트공장 구축의 선행작업으로는 절삭가공을 주 기능으로 삼고 레이저 가공 프로세스가 NC 기계 내부에 탑재되어 각각 독립적으로 동작할 수 있도록 하는 하드웨어와 소프트웨어의 융합시스템을 개발·제작하고 상이한 두 공정 중 하나의 가공공정에서 이상이 발생했을 때 절삭헤드와 LASER 헤드의 상호교환 부착이 가능한 호환 시스템을 개발하였다.

② **조직적 요인** 재영솔루텍은 경영자의 빠른 의사결정과 물적, 인적자원 지원을 통해 내부 설비 자동화와 스마트공장 구축을 좀 더 빠르게 진행할 수 있었다. 연구개발과 생산관리 영역의 기능적 차별화와 전문적인 연구를

중점적으로 할 수 있도록 별도의 기업연구소 운영까지 내부 조직역량을 강화하는 데 많은 노력을 하였다.

자체 공정개선과 스마트공장 구축과 같은 전략적 목표가 세워지면 구성원들이 교육과 훈련을 통해 새로운 변화를 인식할 수 있도록 노력하고 있다. 특히 관리자와 직원들의 기술수용을 위한 태도변화 관리를 중점적으로 하고 있다. 국내와 해외 신기술 동향 파악과 세미나 참여 그리고 정책 사업 설명회 등에 연구원들이 적극 참여하여 대내·외 의사소통 채널을 넓히고 시장동향 예측을 통해 타 기업과의 경쟁관계에서 항상 우위를 점하는 전략적 사고를 가져왔다.

③ **산업적 요인** 금형산업은 스마트공장의 도입에 있어서 독특한 특징을 가지고 있다. 첫째, 금형은 동일 형태·사이즈의 제품을 대량으로 생산하기 위하여 금속재료로 된 틀을 제작하는 기술로 정밀한 기술이 수반된다. 또한 금형은 다양한 모습의 제품이 존재하고 제품에 대한 규격과 구조도 제각각이며, 금형설계자들의 설계 접근방법이 모두 다르기 때문에 표준화 구축에 어려움이 있다. 재영솔루텍은 고객사의 니즈에 따라 다양한 종류의 제품을 생산·납품하는 기업이기 때문에 스마트공장 구축에 의한 표준화가 더욱더 절실하게 되었다.

둘째, 초기의 재영솔루텍은 대기업과의 협력관계에 있어 주요 부품을 의뢰받는 수직적 관계에 있었다. 이를 극복하기 위해 기술력을 높이고 다양한 수요처를 확보하여 공급 경쟁력을 강화할수록 수평관계에 가깝도록 공급조건을 개선해 나갔다. 특히 수요처와 파트너십 관계를 갖게 될 경우 동일한 규격, 품질, 성능 등에 대한 안정적 공급과 상호간의 기술에 대한 기밀이 포함되기 때문에 스마트공장 구축에 있어서도 수요처와의 정보교환, 규격 등의 표준화된 호환성이 필요하게 되어 스마트공장을 구축하였다.

셋째, 금형업종의 표준화 복잡도는 6대 뿌리업종과 비교분석한 결과 다른 업종에 비해 낮은 편에 속하는 것으로 분석되었다. 수요에 따라 변경되는 다양한 금형 틀의 과정을 제외하고는 대부분 표준화된 공정라인을 갖추고 있어 보이지 않는 제품을 다루는 표면처리, 열처리에 비해서 표준화 가능성이 높은 것이라 할 수 있다.

마지막으로, 독일의 'Industrie 4.0'과 한국의 '제조업혁신 3.0'이라는 이슈는 스마트공장 관련 기술인 RFID/USN, IoT 등의 신기술 도입을 적극적으로 권장하는 사회적 분위기 조성을 가능하게 했으며, 이것이 조직 내부로까지 빠르게 확산되었다.

④ **정책적 요인** 재영솔루텍은 한국생산기술연구원 국가뿌리산업진흥센터를 통해 뿌리기업 자동화·첨단화 지원사업, 스마트공장 구축 지원사업, 뿌리기업-수요기업 기술협력 지원사업 등을 통해 자동화 공정은 물론 기업 경쟁력 강화를 위한 자금과 설비지원을 받아 제품공정을 고도화하는 데 많은 도움을 받았다. 자동화 설비 도입 및 스마트공장 구축의 의사결정을 빠르게 할 수 있었던 요인으로 정부의 정책적 지원이 영향을 크게 미쳤다.

≫ ㈜재영솔루텍의 표준화 전략

재영솔루텍은 각 부품에 고유번호를 부여하면서 고유번호 확인을 통해 식별하는 전산화 기반을 갖추었다. 공장에 근무하는 모든 관리자와 작업자들은 고유번호만 보면 어떤 종류의 부품이라는 것을 인지할 수 있게 되었다. 몇 년 전에는 절삭가공면의 표면거칠기를 규정하는 색상표준도 정립했다. 표준화는 지사의 공장에 있는 근로자들에게도 영향을 미치는 것으로 나타났다. 원격에 있는 근로자들도 표준화된 규격과 색상을 보고 금형부품을 가공해 본사로 전달하고 있다.

≫ 고려정밀공업㈜: 중장기적인 노하우 축적을 위한 기반 마련

고려정밀공업은 지난 1976년 창립 이래 약 40년 축적해온 단조금형 분야에서 장인의 기술력과 고객사와의 신뢰를 바탕으로 대한민국 단조산업과 소재가공 분야의 대표적인 기업으로 성장해왔다. 연구개발에 대한 끊임없는 열정과 오랜 기간 축적한 기술력으로 단조산업을 비롯한 자동차 핵심부품, 항공우주·방위산업 부품, 해양·산업 플랜트 등 다양한 산업 분야에 적용되는 부품을 공급함으로써 고객사가 요구하는 고도의 기술과 효율적인 제품생산에 기여하고 있다. 2011년부터는 기업부설연구소를 설립하여 R&D 기능을 강화하면서 해외시장 진출에 발판을 마련하였다.

≫ 고려정밀공업㈜의 스마트공장 채택과 확산요인

① **기술적 요인** 금형공정은 사람의 손이 많이 가는 작업이다. 공정을 수작업으로 진행하다보니 고숙련 기능공들이 많이 필요한 반면, 작업표준화, 매뉴얼화, 기술 전수 등에 많은 어려움을 갖고 있다. 그런 이유에서 고려정밀공업은 공정 전반에 대한 자동화, 첨단화, IT화 등에 관심을 많이 두게 되었다. 스마트공장 시스템을 구축하면 사람 손으로 직접 작업하는 공정들에 대한 표준화나 기술축적 같은 정보저장을 첨단화하여 일회성 사용이 아닌 중장기적인 노하우 축적과 전수를 위한 기반을 마련할 수 있을 것으로 기대하였다.

고려정밀공업의 자동화 공정 구축은 주요 공정인 열박음 공정의 개선을 위해 온도 센서를 설치하여 공정상의 비자동화, 비정밀화를 개선하고 가열

로의 온도가 온도 센서를 통해 실시간으로 데이터베이스에 저장되고 생산 현장과 사무실 동시에 대형화면으로 모니터링되며, 이를 통해 많은 불량의 원인을 사전에 예방할 수 있는 MES(Manufacturing Execution System) 시스템을 구축하였다. 수주가 발생하면 연구개발팀에서 고객의 요구사항에 맞게 기술표준서(도면), POR(Purchase Order Request) 자료가 입력되고 현장 데이터를 근거로 손쉽게 생산계획을 수립하였다.

또한 작업자, 작업설비 정보를 바코드화하여 현장 키오스크에 배치, 바코드 스캐너를 활용함으로써 오류를 최소화하고 작업지시서에 의해 작업자 정보, 공정 중 진행물량, 불량 및 품질검사정보, 완제품 입고와 출하에 이르기까지 전 공정을 모니터링하여 안정화된 생산계획 수립을 가능하게 하였고 업무 로스를 최소화하였다.

② **조직적 요인** 고려정밀공업은 금형산업에 불어오는 스마트공장의 바람을 미래 먹거리를 대비하는 자동화와 첨단화로 보고 경영진에서도 IT 도입에 많은 관심을 갖고 있었다. 이 회사는 스마트 품질경영이라는 생산 모토를 가지고 제품의 개발단계에서 양산에 이르는 품질보증 체계를 구축하였다. 또한 업계 최초로 스마트공장 체계를 구축하고 생산 공정의 실시간 모니터링을 통한 생산관리 혁신, 바코드 시스템을 적용한 가공부품 LOT(letter of intent management table) 관리, 자주검사관리 등의 품질관리 혁신을 실현하고 있다. 이와 같은 스마트공장 시스템을 추진하기 위해서 별도의 기술연구소를 설립하고 연구개발에 전문적인 요소를 더하며 생산공정에서는 작업자들의 품질관리와 수시 모니터링을 강화하여 품질개선에 많은 노력을 기울였다.

③ **산업적 요인** 금형산업에서는 산업의 경쟁력을 높이기 위하여 스마트

공장에 대한 많은 관심이 확산되었다. 이 산업에 속한 대부분 중소기업들은 국내 수요처와의 수직적 관계를 이루고 있으며, 이와 관련한 규격, 품질, 성능 등에 대한 안정적 공급과 상호 간의 기술에 대한 기밀이 포함되기 때문에 표준화된 시스템의 부재가 발생한다.

선행 사례분석과 마찬가지로 뿌리산업에서의 표준화 복잡도는 6대 뿌리 업종과 비교분석한 결과 금형업종은 다른 업종에 비해 낮은 편에 속하는 것으로 동일하게 분석되었다. 한국 정부가 추진하는 제조업혁신 3.0의 정책적 사회적 이슈를 파악하고 스마트공장 추진이 당연하다는 사회적 분위기 조성으로 고려정밀공업도 스마트공장 구축이 직원들의 업무 효율성을 증가시키고 작업장 개선을 통해 효율적인 업무를 할 수 있다는 것을 수시로 인식하고 받아들일 수 있도록 인식개선 활동을 실시하였다.

④ **정책적 요인** 고려정밀공업은 앞서 분석한 재영솔루텍과 동일하게 한국생산기술연구원 국가뿌리산업진흥센터를 통해 뿌리기업 자동화·첨단화 지원사업, 스마트공장 구축 지원사업, 뿌리기업-수요기업 기술협력 지원사업 등을 통해 자동화 공정은 물론 기업경쟁력 강화를 위한 자금과 설비지원을 받아 제품공정을 고도화하는 데 많은 도움이 되었다. 자동화 설비 도입과 스마트공장 구축의 의사결정을 빠르게 할 수 있었던 요인으로 정부의 정책적 지원이 영향을 크게 미쳤다. 기업 간 경쟁을 위해서는 자체적으로 구축해야 하는 꼭 필요한 공정혁신 활동인데 정책적 보조금의 지원이 스마트공장 구축 도입을 빠르게 하는 요인으로 작용하였다.

≫ 고려정밀공업의 표준화 전략

고려정밀공업은 대부분 수작업으로 진행되고 작업 표준 매뉴얼 등이 미흡한 요인들을 표준화하기 위한 전략으로 정부의 지원을 받아 자동화 추진과 스마트공장 구축을 진행하게 되었다. 외부 수출시장 판로는 작년부터 시작을 했기 때문에 1단계는 내부의 프로세스 표준화, 2단계로 글로벌 시장 진출에 따른 제품과 스마트공장 전체의 표준화 추진 전략을 계획하고 있다.

≫ 최고경영자의 강력한 의지와 기술적 이점 등이 중요하게 작용

위의 두 기업들은 뿌리산업 중 금형산업에 속해 있는 중소기업들로 스마트공장을 성공적으로 도입한 매우 표준적인 사례들이다. 이들의 성공은 뿌리산업의 다른 중소기업들에게도 확산되어야 할 것이다. 두 기업은 뿌리산업 중 금형산업에 속한 기업들로서 스마트공장의 도입과 활용에 있어서 유사한 특징을 가지고 있다(〈표1〉 참조).

이들 두 기업의 스마트공장에 있어서 유사하게 영향을 준 요인들은 다음과 같다. 먼저, 이들은 최고경영자의 스마트공장의 중요성에 대한 조기 인식과 강력한 의지로 스마트공장을 도입하였다. 두 기업은 스마트공장 관연 연구개발에 대한 집중적 투자는 물론 기업연구소를 활성화하였고 중장기적인 ICT 기술에 대한 투자를 하였다. 또한 스마트공장의 성공적 운영에 있어 기본적 요소인 인적자원에 대한 교육훈련 등에도 많은 노력을 기울였다.

둘째, 두 기업이 도입한 스마트공장의 기술적 영향요인을 살펴보면 스마트공장 관련 상대적인 기술적 이점을 가지고 있었고, 스마트공장이 기존의 공장라인과 일치성이 있었으며 그 결과 스마트공장의 도입과 관련된 기술적 복잡성은 낮은 편이었다.

셋째, 스마트공장 도입의 조직적 영향요인과 관련하여 두 기업은 전술한 최고경영자의 강력한 의지를 바탕으로 구성요원들의 기능적 전문화와 차별화를 제고하였으며, 그 결과 관리자들은 스마트공장에 대한 기술수용도를 높였고 스마트공장 도입과 관련하여 구성요원들 간의 의사소통에 많은 노력을 기울였다.

넷째, 이들이 속해 있는 금형산업은 기업들 간 글로벌 경쟁력 강화를 위하여 스마트공장의 도입 필요성에 대해 많은 인지를 하고 있는 상황이었다. 아울러 산업의 구조는 대부분의 중소기업들은 수요기업인 대기업들과 수직적 협력관계를 가지고 있어서 수요기업들의 원하는 제품의 사양과 품질 제고에 대한 압력을 받아오고 있는 편이었다. 아울러 금형산업은 뿌리산업의 다른 업종과는 달리 스마트공장의 표준화 관련 복잡도가 상당히 낮은 편이었기 때문에 일부 선도 중소기업들은 이미 스마트공장을 도입해오고 있는 상황이었다. 이 같은 산업적 특징들은 두 기업이 스마트공장의 도입 결정에 매우 긍정적인 영향을 주었다.

마지막으로, 정부의 정책적 요인도 큰 영향을 주었다. 정부는 글로벌 제조환경 속에서 스마트공장의 중요성을 인식하고 뿌리산업을 대상으로 스마트공장의 도입과 확산을 위한 정책 프로그램을 운영하고 있었다. 세부적으로는 공장자동화, 스마트공장 구축에 대한 직접적 지원, 뿌리기업-수요기업 기술협력 지원 등을 위해 보조금을 지급하였으며, 사업의 성공을 위하여 활발한 정책홍보도 실시하였다.

그러나 이들 두 기업은 차이점도 있다. 근본적으로 재영솔루텍은 중견기업으로서 상당한 기술능력과 기업경쟁력을 가지고 있는데 비하여 고려정밀공업은 소기업으로 스마트공장의 도입에 있어서 상대적으로 기술적, 재무적 어려움을 더 많이 가지고 있다. 그럼에도 불구하고 두 기업은 최고경영자의 강력한 의지를 바탕으로 스마트공장을 성공적으로 도입하였다. 이는

〈표1〉 스마트공장 구축 사례 비교분석

기업명	㈜재영솔루텍	고려정밀공업㈜
기업규모	중견기업	소기업
기업의 현황	• CEO의 의지 및 빠른 의사결정 • R&D 집중투자 • 중장기 ICT 도입계획 • 공정혁신, 공장자동화, 스마트공장 • 인적자원 기능적 차별화 • 기업부설연구소	• CEO의 의지 및 빠른 의사결정 • R&D 집중투자 • ICT 도입의 필요성 인식 • 공정혁신, 공장자동화, 스마트공장 • 인적자원 기능적 차별화 • 기업부설연구소
저해요인 스마트 공장 활용요인	• 기술적 요인(상대적 이점, 일치성, 복잡성) • 조직적 요인(전문화, 기능적 차별화, 관리자 태도, 기술적 지식자원, 내/외부적 의사소통) • 산업적 요인(수직적 협력구조, 낮은 표준화 복잡도) • 정책적 요인(다양한 정책 콘텐츠, 보조금 지원, 정책홍보)	• 기술적 요인(상대적 이점, 일치성, 복잡성) • 조직적 요인(전문화, 기능적 차별화, 관리자 태도, 기술적 지식자원) • 산업적 요인(수직적 협력구조, 낮은 표준화 복잡도) • 정책적 요인(다양한 정책 콘텐츠, 보조금 지원, 정책홍보)
표준화 전략	• 기업 주도형 • 기존 공정 표준화 도입 및 자체 표준시도 • 공정 표준화, 글로벌 표준화	• 정부 주도형 • 정부 지원을 통해 표준화 시도 • 공정 표준화

기업의 규모에 관계없이 세심한 준비와 기획을 바탕으로 스마트공장의 성공적인 구축이 가능함을 나타내주는 것이다.

그 결과 이들 두 기업의 스마트공장 표준화 전략은 상이한 것으로 나타났다. 기술적, 재무적 능력이 상대적으로 유리한 재영솔루텍은 기업 주도로 스마트공장의 표준화에 주안점을 두고 있으며, 기존 공정에 대한 표준의 적극적인 도입과 이 같은 경험을 바탕으로 자체표준을 구축하려는 시도를 추진하고 있다. 표준의 주안점은 공정표준화에 두었고 표준화의 상당한 경험을 바탕으로 최근에는 글로벌 표준화에 노력을 기울이고 있다. 이에 반하여 고려정밀공업(주)는 기술적, 재무적 어려움으로 말미암아 자체적인 표준화 시도보다는 정부주도의 표준화에 노력하고 있는 것으로 나타났다. 이 회사는 소기업의 특징으로 인해 자체적인 표준화 시도는 거의 이루어지지 않고 있으며 정부의 지원에 의한 표준화를 소극적으로 추진하고 있는 것으로 나타났고 표준화의 적용범위도 공정과 작업 표준화에 주안점을 두고 있는 것으로 나타났다.

≫ 표준화 전략은 기업경쟁력과 기술활용능력 두 축에서 검토

중소기업이 가지는 경쟁력과 스마트공장과 표준화를 채택·확산하는 것, 이 두 가지 요인 사이에는 상관관계가 있는 것으로 분석되었다. 이에 고려해야 할 사항으로 중소기업의 기술적 특성, 기업의 조직적 특성, 산업적 특성, 정부지원 여부 등이 해당되는 것을 이론정리와 사례분석을 통해 증명하였다. 이 같은 특징을 고려하여 스마트공장의 표준이 설정되어야 할 것이며, 표준의 설정은 스마트공장의 확산에 큰 기여를 할 수 있을 것이다. 이를 고려하여 표준화 추진의 주요 전략은 중소기업의 경쟁력과 기술활용능력의 두 축으로 살펴볼 수 있고, 이는 〈그림1〉과 같이 나타난다.

〈그림1〉 스마트공장 표준화 전략

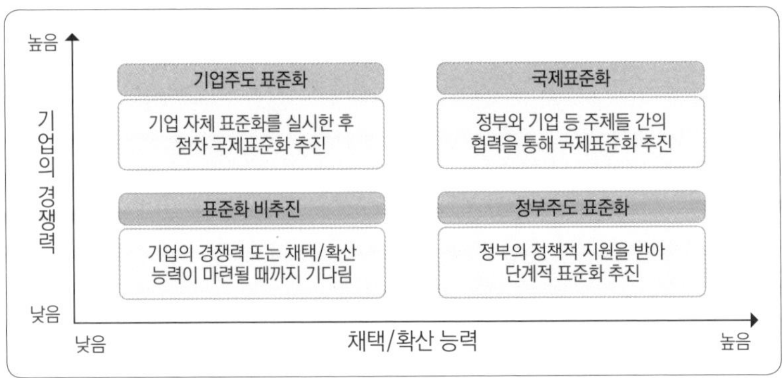

우선, 기업의 경쟁력이 약하고 스마트공장의 도입 능력을 모두 갖추지 못한 경우에는 스마트공장 구축을 미루어야 하며 기업의 경쟁력이 확보될 때까지 시간을 두고 기다려야 할 것이다. 이들 기업들은 스마트공장의 중요성에 대한 인식을 높이고 이에 대한 사전적 준비를 보다 세심하게 하여야 할 것이다.

다음으로, 양쪽 능력 모두 한쪽이 강한 경우에는 기업주도형 표준화와 정부주도형 표준화로 나눌 수가 있다. 전자는 기업의 역량이 크고 채택·확산 능력이 미흡할 경우로 자체 표준화 과정을 거쳐야 할 것이다. 특히 이 상황에서는 수요기업들과의 긴밀한 협력이 필요할 것이다. 반면, 스마트공장의 활용 능력은 갖추고 있으나 기업역량이 떨어지는 경우에는 정부의 정책적 지원을 통하여 스마트공장의 도입과 표준화를 추진하여야 할 것이다.

마지막으로, 기업의 경쟁력이 높고 스마트공장 활용능력이 높은 선도 중소기업들의 경우에는 국제표준화 전략을 추진할 수 있다. 사례분석에 따르면 오랜 기간 혁신적 역량, 조직적 역량, 사회적 역량, 정책적 역량 모두가 뒷받침될 경우 기업 자체 표준화는 물론 국제표준화 준비를 위한 높은 수준을 보유함에 따라 뿌리산업의 선도기업으로서 후발기업 지원을 위한 보급·확산을 통해 우수모델로서 표준화를 구축할 가능성이 높다. 이 같은 노력에 있어서는 선진국 기업들과의 긴밀한 협력과 정부의 적극적인 지원도 필요할 것이다.

≫ 스마트공장 표준화 사례로 본 정책적 시사점

스마트공장의 표준화와 그 확산은 중소기업의 경쟁력에 대단히 중요한 영향을 미친다. 앞서 살펴본 바와 같이 여기에는 기술, 조직, 산업, 정책적 요인이 중요하게 작용하며, 이를 중심으로 뿌리산업 중 금형업종의 사례를 살펴보았다. 앞서 살펴본 사례는 다음과 같은 정책적 시사점을 제공한다.

첫째, 산업적 특성을 고려한 스마트공장의 표준화와 확산 모델을 개발하여야 한다. 특히 산업의 특성, 기업 간 협력, 표준화 복잡도가 스마트공장의 도입-채택-확산에 영향을 주는 것으로 나타났다. 특히 뿌리산업은 크게 여섯 개 분야의 다양한 중소기업들로 구성되어 있고, 이들의 대기업과의 협력 양태와 표준화에 대한 복잡도가 매우 상이하다. 이들은 기초수준에서의 표준 수요가 많은 것을 의미하므로 향후 단계별 수준을 높이면서 지속적으로 스마트공장 고도화를 해야 할 것이다.

둘째, 금형분야 사례분석과 같이 스마트공장 구축과 표준화 모범사례(best practice) 모델 공장 구축을 확대해야 한다. 선행된 기업들의 모범사례는 후발 추진 기업들에게 많은 도움을 줄 수 있으며, 산업, 규모 등에 따른 모범사례들을 발굴하고 확대해 나가야 할 것이다.

셋째, 스마트공장 구축 소프트웨어와 하드웨어 개발 SI 업체의 발굴과 지원을 강화해야 한다. 스마트공장은 수요예측부터 출하까지 전 범위를 포괄하는 복잡한 시스템이며, 이 같은 기술적 복잡성은 표준적 스마트 공장의 확산을 방해할 수 있다. 따라서 이를 통합적으로 운영할 수 있는 소프트웨어와 하드웨어를 개발할 수 있어야 하고, 더 나아가 다양한 범위의 스마트공장 S/W, H/W 개발을 통해 외산장비에 편중된 문제점을 해결해야 할 것이다.

넷째, 뿌리산업의 스마트공장 표준화 구축과 확산을 위해서는 수요기업들과 긴밀한 협력관계를 고려해서 추진하여야 할 것이다. 수요기업인 대기업들은 제품과 스마트공장에 대한 매우 구체적인 니즈를 가지고 있다. 이와 같은 수요기업의 니즈를 바탕으로 한 스마트공장의 표준화와 도입은 성공적인 스마트공장의 확산에 아주 효율적인 방안이 아닐 수 없다.

다섯째, 스마트공장 표준화와 확산 프로그램을 마련해야 한다. 현재 정부는 스마트공장 지원사업을 추진하고 있으나 스마트공장의 표준화 복잡도 비교분석을 통해 분야별 사업의 규모, 자체 보유기술 수준, 채택·확산 정도에 따라 상세한 프로그램을 마련하여야 할 것이다. 특히 스마트 공장 표준화를 위한 독립 프로그램을 추진할 필요가 있다.

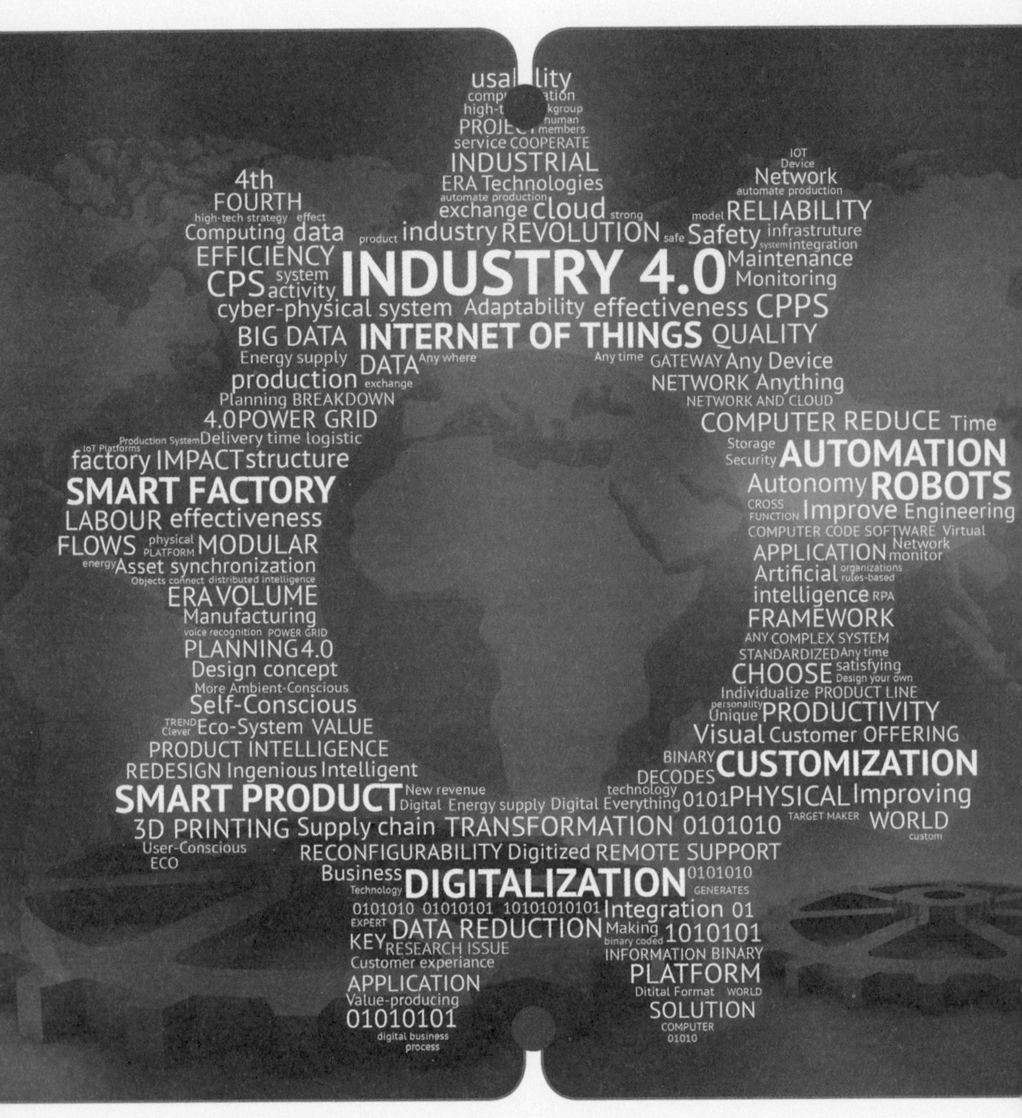
INDUSTRY 4.0
INTERNET OF THINGS
SMART FACTORY
AUTOMATION
ROBOTS
CUSTOMIZATION
SMART PRODUCT
DIGITALIZATION
INDUSTRIAL
ERA Technologies
exchange cloud
industry REVOLUTION
4th
FOURTH
Computing data
EFFICIENCY
CPS
cyber-physical system
Adaptability effectiveness CPPS
BIG DATA
QUALITY
Network
RELIABILITY
Safety infrastruture
Maintenance
Monitoring
production
Planning BREAKDOWN
4.0POWER GRID
Delivery time logistic
factory IMPACTstructure
LABOUR effectiveness
FLOWS MODULAR
Asset synchronization
ERAVOLUME
Manufacturing
PLANNING4.0
Design concept
Self-Conscious
Eco-System VALUE
PRODUCT INTELLIGENCE
REDESIGN Ingenious Intelligent
3D PRINTING Supply chain TRANSFORMATION 0101010
RECONFIGURABILITY Digitized REMOTE SUPPORT
GATEWAY Any Device
NETWORK Anything
COMPUTER REDUCE Time
Autonomy
Improve Engineering
APPLICATION
Artificial intelligence
FRAMEWORK
CHOOSE
PRODUCTIVITY
Visual Customer OFFERING
PHYSICAL Improving
WORLD
DATA REDUCTION
Integration 01
1010101
PLATFORM
SOLUTION
APPLICATION
01010101

INSIGHT 02.

4차 산업혁명이 창조하는 제조업 르네상스에 대비하라

글 | **이상동**(한국표준협회 표준정책연구센터, sdlee@ksa.or.kr)

2016년 스위스 다보스포럼은 곧 닥쳐올 '4차 산업혁명에 대한 이해'라는 주제로 열렸다. 지금 제조 선진국은 4차 산업혁명을 준비하기 위하여 기술개발, 인프라수준, 법적보호, 표준화 등 다양한 분야에서 노력하고 있다. '제조업 르네상스'의 기치를 내걸고 첨단제조전략으로 산업지형을 이끌 플랫폼과 표준화 모델을 선점하기 위한 활동에 집중하고 있는 것이다. 대표적인 실행전략으로 독일의 '인더스트리 4.0', 미국의 '산업인터넷 전략', 일본의 '로봇 신전략', 중국의 '제조 2025' 등이 있다. 우리나라가 이러한 4차 산업혁명의 파도를 넘어서기 위해서는 국제표준화 추진, IT보안과 데이터 거버넌스, 법적·정책적 문제해결, 교육 및 인재육성, 가치사슬 전체의 참가 등 해결방안을 종합적으로 검토해야 할 것이다.

※ 이 글은 2016년 5월 한국표준협회가 발간한 KSA Policy Study 2016-2호 '4차 산업혁명을 이끄는 융복합 기술의 표준화 연계 전략'을 칼럼 형태로 재작성한 것입니다. 참고문헌은 한국표준협회(www.ksa.or.kr)에서 확인할 수 있습니다.

4차 산업혁명이 창조하는 제조업 르네상스에 대비하라

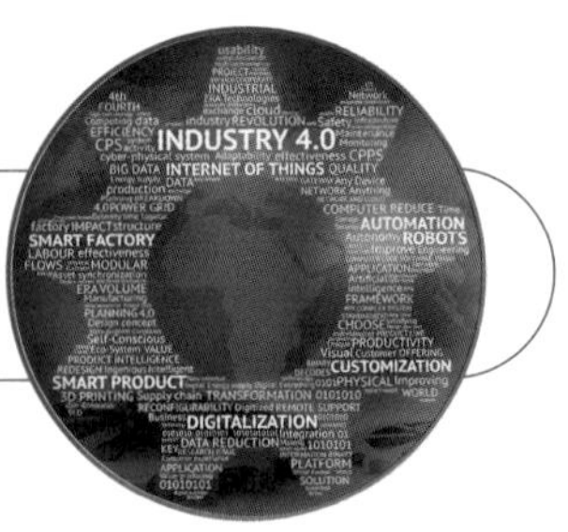

≫ 제조업 혁신의 쓰나미가 몰려온다

2016년 스위스 다보스에서 열린 제46차 세계경제포럼(WEF) 연차 총회는 기존 경제관점의 논의에서 벗어나 곧 닥쳐올 '4차 산업혁명에 대한 이해'라는 주제로 심도 있게 진행되었다. 현재 세계는 2008년 글로벌 금융위기 이후 지속된 저성장으로 뉴 노멀(New Normal) 상태에 처해 디플레이션, 재정여력 약화 등 구조적 리스크가 확대되고 있다. 이러한 가운데 세계 제

〈표1〉 최근 3년간 다보스포럼의 논의주제

연도	2014	2015	2016
주제	세계의 재편 (Reshaping of the World)	새로운 글로벌 상황 (The New Global Context)	4차 산업혁명의 이해 (Mastering the Fourth Industrial Revolution)
논의 내용	• 포괄적 성장의 성취 • 파괴적 혁신의 포용 • 사회 내 새로운 기대들과의 조우 • 90억 명의 지속가능한 세계	• 분권화된 세계화, 지역 간 갈등 • 글로벌 저성장 • 비정상적 통화정책의 정상화 • 에너지 헤게모니 • 이상기후, 청년실업, 소득불균형	• 저성장, 변동성 확대 • 중국 경제리스크 확대 • 저유가시대 • 고용의 미래 • 산업경쟁구도 심화

조업은 장기적인 경기침체, 노동원가 및 원자재 비용의 상승 등으로 성장한계에 봉착하고 있다. 하지만 최근 정보통신, 센서 기술의 급속한 발전으로 세계 제조업에는 '혁신의 쓰나미(つなみ)'가 거대하게 몰려올 것으로 예측되고 있다.

≫ 선진국의 4차 산업혁명 전략

미래 제조업의 혁신모델로서 글로벌 차원의 반향을 불러일으키고 있는 '인더스트리 4.0(industry 4.0)'은 4차 산업혁명을 표현하는 대표적 추진전략이다. 독일과 미국 등 제조업 강국은 첨단제조전략에 초점을 두고 생산효율 증대, 친환경 고객맞춤형 생산으로 제조업 경쟁력을 더욱더 강화하고 있다.

특히, 해외생산품 운송비용, 지적재산권 침해, 지지부진한 공정혁신, 인건비 상승 등의 이유로 해외로 진출했던 공장들이 자국으로 회귀(reshoring, 해외에 나가 있는 자국 기업을 각종 세제혜택과 규제완화 등을 통해 국내로 불러들이는 정책)하는 분위기가 확산되고 있다.

머지않아 다가올 4차 산업혁명은 디지털혁명이라는 3차 산업혁명 과정의 기반 위에서 디지털, 바이오 등 다양한 기술 간 융합으로 한 차원 높은 기술을 창조할 것이다. 과거 공상만화나 상상 속에서 보았던 것들이 실제 현실로 거론되고 있는 것이다. 구체적으로 예를 들어보면, 3D프린팅, 자율주행 자동차, 사물인터넷, 인공지능 등이 4차 산업혁명을 이끌 주요 기술군이라 할 수 있다.

지금 제조 선진국은 4차 산업혁명을 준비하기 위하여 기술개발, 인프라수준, 법적보호, 표준화 등 다양한 분야에서 노력하고 있다. 스위스 금융그룹 UBS은행은 올해 세계경제포럼(WEF)에서 '4차 산업혁명에 가장 잘 적응할 수 있는 국가 평가'를 통해 한국의 4차 산업혁명 준비 수준을 평가대상국 139개국 중 세계 25위라고 발표했다.

국가별 평가요소는 노동시장의 유연성, 기술수준, 교육수준, 인프라수준, 법적보호 이렇게 5개 부분이었다. 조사결과 1위는 스위스였으며 미국이 4위, 일본이 12위, 중국은 우리나라보다 약간 뒤쳐진 28위를 기록했다. 우리나라의 경우, 특히 노동시장의 유연성이 조사대상국 중 83위로 매우 낮은 것으로 나타났다.

제조 선진국은 '제조업 르네상스'의 기치를 내걸고 첨단제조전략으로 산업지형을 이끌 플랫폼과 표준화 모델을 선점하기 위한 활동에 집중하고 있다. 대표적인 실행전략으로는 독일의 '인더스트리 4.0', 미국의 '산업인터넷 전략', 일본의 '로봇신전략', 중국의 '제조 2025' 등이 있다.

독일은 '첨단기술전략(high tech strategy) 2020[1]'을 통해 제조 생산체계와 ICT융합을 위한 제조업의 진화전략인 '인더스트리 4.0'을 추진하고 있으며, 제조업과 ICT가 결합하여 생산시설들의 네트워크화와 지능형 생산시스템을 갖춘 스마트공장(smart factory)으로 진화시키고 있다. 또한 사물·서비스 간 인터넷의 기반 위에 최적의 제품이 제조될 수 있도록 통제하는 제조플랫폼인 사이버물리시스템(cyber physical system)[2]의 구축을 스마트생산 실현의 핵심요소[3]로 추진하고 있다.

---

1. 첨단기술전략 2020은 2014년~2020년 사이의 기후·에너지, 건강·식량, 운송, 안전보안 및 ICT 분야 기술개발전략을 말한다.
2. cyber physical system : 사람뿐만 아니라 사물인터넷까지 네트워크가 확대되어, 생산에 필요한 모든 정보가 교환되고, 최적 상품제조가 가능하도록 만들어진 제조플랫폼으로 스마트공장의 전체 생산과정을 통제한다.
3. 독일정부는 사이버물리시스템의 구축 등 R&D에 3년간 5억 유로(약 7,500억 원)를 지원할 계획이다.

미국은 첨단제조업의 혁신 가속화를 위해 대통령과학기술자문위 산하에 '첨단제조파트너십 조정위원회'를 설치하고, '국가제조업혁신 네트워크[4]'를 구축(2012. 3)했다. 이를 통해 첨단제조 R&D와 혁신기술 상용화의 간극을 줄이려는 목적으로 첨단제조업을 위한 혁신정책과 민간주도의 산업인터넷 전략을 제시하고 있다. 기계와 인터넷이 만나 데이터를 만들어내고 생산성을 높이며 기계를 사용하는 인간이 의사결정을 하는 데 결정적 역할을 하는 산업IoT(industrial Internet of Things)로서, GE가 주도적으로 활동 중이다.

일본은 '일본재흥전략'과 '과학기술혁신 종합전략(2014)' 등에 첨단설비투자촉진, 과학기술 혁신추진과 로봇 신전략 등 제조업 강화 내용을 포함하고 있다. 일본재흥전략은 일본정부의 3대 실천계획으로 ① 고용제도 개혁과 인재역량 강화 ② 과학기술 혁신 ③ 산업입지 경쟁력 강화 등에 집중하고 있다.

과학기술혁신 종합전략은 일본재흥을 위해서는 과학기술 혁신이 필수적이라는 판단아래 SIP[5], ImPACT[6] 등 국가중점 프로그램을 제시하고 있다. 특히, 로봇신전략은 로봇혁명의 실현을 위한 전략이며 사물인터넷(IoT) 시대에 빅데이터, IT융합, 네트워크, 인공지능을 구사하는 로봇으로 세계를 주도하는 '로봇혁명 전개·발전전략'을 제시하고 있다.

---

4. National Network for Manufacturing Innovation(NNMI)은 지역 협력을 통해 빠르고 효율적인 개발과 신첨단 제조혁신의 상용화를 통해 제조업의 신혁신 생태계를 조성하고 강화한다.
5. 전략적 혁신 창조 프로그램(SIP: Strategic Innovation Promotion Program) : 핵심기술을 선정하여 기초연구에서 실용화·사업화까지 연계되는 로드맵을 구상하고, 이를 통해 전략시장을 창출하기 위한 목적으로 추진된다.
6. 혁신적 연구개발지원 프로그램(ImPACT: Impulsing Paradigm Change through Disruptive Technologies Program) : 장기적으로 미래 경제·사회·산업 측면에서 영향력이 큰 혁신적 연구주제를 선정하고 PM 책임 하에 독창적인 연구를 수행하는 프로그램이다.

중국은 '제13차 5개년 계획(2016~2020)'에서 '자주창신(自主創新)'을 통해 전략산업 육성을 추진하고 있다. 최근 주요국의 제조혁신 전략에 대응하기 위해 '중국제조 2025'전략을 수립한 바 있다. 2025년에 제조대국에서 제조업 강국에 진입하고, 2035년에 제조업 강국으로 부상하여 독일, 일본 추월이 목표(세계 제조업 2강)로 '소재·부품·공정·산업기술'등 4개 기반을 강화하는 '공업기반강화 중장기 계획'을 통해 '중국제조 2025'의 기본방향을 발표한 바 있다.

〈표2〉 제조 선진국의 4차 산업혁명 전략

국가	시기	추진내용
독일	2013. 4	사물인터넷(IoT), 3D프린팅, 사이버물리시스템(CPS), 스마트팩토리 등을 활용해 '인더스트리 4.0' 전략을 발표
		플랫폼 인더스트리 4.0(2013. 4)
미국	2012. 11	인공지능 처리와 빅데이터 해석을 중시하는 사이버공간의 현실화 전략인 '산업인터넷' 추진
		IIC(Industrial Internet Consortium, GE 등 163개 기업 및 단체)(2012. 11)
일본	2015. 1	로봇화 기반으로 사물인터넷(IoT)과 사이버물리시스템(CPS)의 혁신을 주도하는 '로봇신전략(robot strategy)' 추진
		로봇혁명실현회의(2015. 1), 로봇혁명 이니셔티브협의회(148개 기업/단체)
중국	2015. 5	'소재·부품·공정·산업기술' 등 4개 기반을 강화하기 위한 '공업기반강화 중장기 계획'을 통해 '중국제조 2025' 발표
		국가 제조강국 건설전략자문위원회(2015. 6)

≫ 미래 스마트제조는 어떤 모습일까

현재 독일과 미국이 주도하고 있는 '스마트제조(smart manufacturing)'는 2020년 4차 산업혁명을 이끌 미래 제조업의 새로운 패러다임이다. 스마트제조는 제품의 기획·설계, 생산, 유통·판매 등 전 과정을 정보통신기술로 통합함으로써 최소 비용 최소 시간으로 고객맞춤형 제품을 생산하는 미래형 공장을 의미한다.

스마트제조는 사물인터넷(IoT: Internet of Thing), 사이버물리시스템(CPS: Cyber Physical System) 등 최근 발전하고 있는 신기술과 접목되어 제조의 모든 단계가 자동화·정보화(디지털화)되고, 가치사슬 전체가 하나의 공장처럼 실시간 연동되는 생산체계를 지향하고 있다. 미래 제조업의 큰 변화는 사물인터넷(IoT)에 의한 소재·제품·기기의 지능화를 통하여 과거의 경직된 중앙집중식 생산체계에서 모듈단위의 유연한 분산·자율 제어 생산체계를 구현하는 데 있다.

스마트제조 시스템을 구축하기 위해서는 개별 융복합기술의 상호운용성에 근거한 기술융합을 통한 제조생태계가 필요하다. 기술적으로 융합된 미래형 제조시스템은 수요맞춤형 제조시스템으로서 모든 제조시스템 요소들이 하나로 어우러져 전체를 구성한다.

〈그림1〉 미래 제조시스템의 구성요소

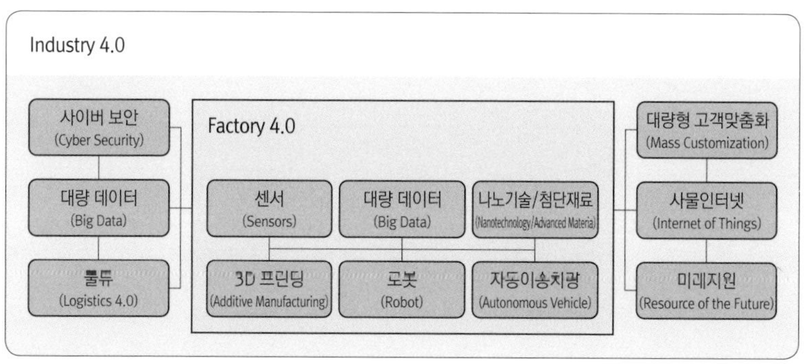

※ 자료: Roland Berger(2015) 홈페이지 참조

경영관리 측면에서는 생산성향상, 에너지절감, 인간중심의 작업환경을 구현하고, 개인 맞춤 제조, 제조·서비스 융합 등 새로운 제조·비즈니스 환경에 능동적으로 대응하고 있다. 기술혁신 측면에서는 센서, 액추에이터, 모바일 디바이스 등 물리적 세계의 사물이 사이버물리시스템이라는 매개체를 통해 인터넷상의 생산 및 재고관리, 고객관리 등의 서비스와 연결하는 스마트화로 진화하고 있다.

〈그림2〉 미래 제조시스템의 청사진

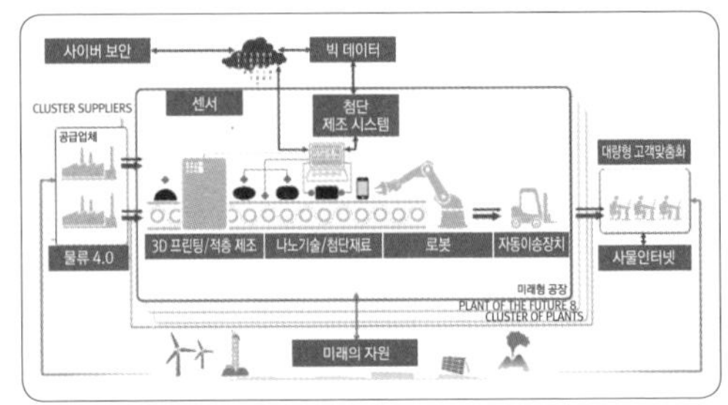

※ 자료: Roland Berger(2015) 홈페이지 참조

〈그림3〉 제조업 혁신을 위한 8대 스마트기술 간 융합 방향

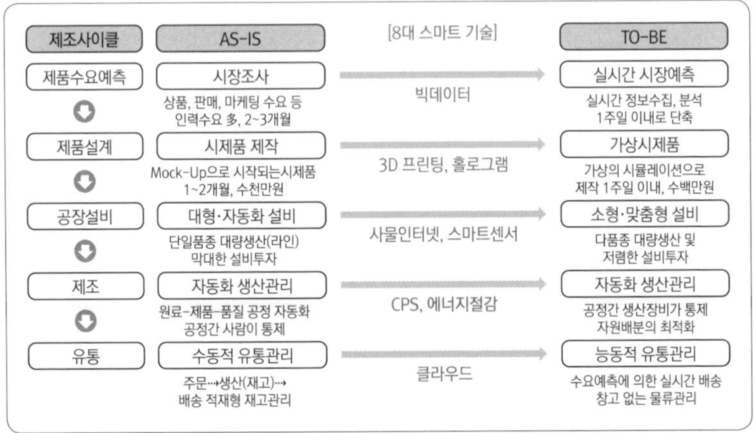

※ 자료: 미래부(2015)

〈표3〉 미래 제조시스템을 구성하는 기술적 역량

No.	융복합기술	기술별 역량
1	센서 (sensors)	• 무결점/무편차(zero default/deviation) • 반응성(reactivity) • 추적성(traceability) • 예측성(predictability)
2	3D 프린팅/적층 제조 (3D printing/ additive manufacturing)	• 폐기물 제거(scrap elimination) • 대량 고객화(mass customization) • 쾌속 조형(rapid prototyping)
3	나노기술/첨단재료 (nanotechnology/ advanced materials)	• 스마트 부가가치 제품(smart value added products) • 기술차별화(technical differentiation) • 연결성(connectivity)
4	로봇 (robot)	• 실시간-자율-생산성(real time-autonomy-productivity) • 데이터보고의 완전 투명성(full transparency on data reporting)
5	자동이송차량 (autonomous vehicle)	• 흐름 최적화(flow optimization) • 보안 강화(increased security) • 원가 절감(lower costs)
6	첨단 제조 시스템 (advanced manufacturing system)	• 사이버물리시스템(CPS: Cyber Physical Systems) • 수치 제어(numerical command) - 완전자동화(full automation) - 전체 상호연계된 시스템(totally interconnected systems) - M2M 커뮤니케이션(machine to machine communication)
7	빅 데이터 (big data)	• 복잡성에 의미부여(give sense to complexity) • 창조성(creativity) • 협업 제조(collaborative manufacturing)
8	사이버 보안 (cyber security)	• 인터넷 기반 제조에 대한 강력한 보호 (stronger protection for Internet based manufacturing) • 긴 수명주기를 가진 기술 제품 (technology products with longer life cycle)
9	물류 4.0 (logistics 4.0)	• 완전 통합된 공급망(fully integrated supply chain) • 상호연계된 시스템(interconnected systems) • 완벽한 조정(perfect coordination)
10	대량 맞춤생산 (mass customization)	• 고객 및 마케팅 친밀감(customer & marketing intimacy) • 유연성(flexibility) • 고객니즈와 일치된 생산 (perfect match with customer's needs with production) • 대량 효율(mass efficiency) • 주문식 제조(on demand manufacturing)
11	사물인터넷 (internet of things)	• 개체 태깅(object tagging) • 저전력 무선통신에 의한 인터넷 객체 커뮤니케이션 (internet-object communication via low power radio) • 실시간 데이터 수집(real time data capture) • 줄어든 낭비(reduced wastes)
12	미래의 자원 (resource of the future)	• 청정 및 재생 에너지(clean and renewable energies everywhere) • 에너지 저장(energy storage) • 대체 원재료(alternative raw materials)

※ 자료: Roland Berger(2015) 홈페이지 인용

스마트제조가 가능한 제조생태계를 효율적으로 구축하기 위해서는 상호 운용성을 고려하여 다양한 융복합기술을 연계한 통합형 제조시스템으로의 기능이 필요하다. 여러 공장이나 기계로부터 정보를 수집하는 사물인터넷, 대량의 정보를 빠르게 분석·통합하는 클라우드 컴퓨팅, 취합한 정보를 효과적으로 분석해 의사결정에 신속히 반영하는 빅데이터 등을 기반으로 서비스로서의 제조라고 불리는 MaaS(Manufacturing as a Service)전략이 가능토록 시스템을 구성해야 한다.

우리나라는 4차 산업혁명 준비에 요구되는 스마트공장 1만 개 보급을 위한 기반조성 계획과 IT와 제조업을 융합한 8대 스마트 기반기술을 제시하고 있다. 스마트제조의 저변확산을 목적으로 산업부와 중소기업청이 주도하여 2020년까지 중소·중견 제조업계를 중심으로 스마트공장 1만 개를 보급할 예정이다. 2015년 12월에는 산업부와 미래부 공동으로 스마트센서, 사물인터넷(IoT), CPS(Cyber Physical System), 3D프린팅, 증강현실, 홀로그램, 클라우드, 빅데이터 이렇게 8대 스마트 기반기술을 선정하여 발표한 바 있다.

≫ 무역기술장벽을 넘는 스마트제조 국제표준화 활동

독일, 미국 등 스마트제조 선도국가에서 개발된 기술이 국제표준을 선점할 경우, 무역기술장벽으로 활용될 수 있다. 따라서 한국은 더 늦기 전에 스마트제조의 기술표준 개발과 이에 대한 국제표준화 활동에 적극적으로 참여해야 한다. 스마트공장 국제표준화 활동을 주도하고 있는 독일은 다국적 기업, 대학 및 연구기관 간 협력(예: DIN, DKE, Fraunhofer 등)으로 테스트베드 구축과 표준화 활동을 추진하고 있다.

공적 국제표준화기구의 스마트제조 관련 표준화 활동은 산업데이터, 산업기기 및 시스템 등 표준 간 상호운용성의 확보에 초점을 두고 있다. 현재 표준화 활동은 스마트제조 관련 시스템위원회(SyC)를 준비하기 위한 IEC SEG7(SG 8) 활동을 비롯하여 기존 IEC TC 65와 ISO TC 184 활동과 연계하여 추진하고 있다.

독일, 미국 등은 관련 표준을 선점하기 위하여 기술표준 개발과 연계한 국제표준화 활동에 적극 참여하고 있으나, 한국의 경우 이를 뒷받침할 국내의 종합조정기능과 역할이 취약한 것이 사실이다. 한국은 스마트 관련 국제표준 기술위원회와 스마트코디네이터 활동은 있으나, 정책차원의 종합 컨트롤타워(역할, 예산)가 없어 4차 산업혁명을 준비하는 스마트공장의 체계적인 준비와 보급·확산에 한계를 노출하고 있다.

〈표4〉 스마트공장의 국제표준화 기술위원회 및 활동내용

기술위원회	활동내용
ISO/TC 184/SC 4&5	제조시스템의 애플리케이션 통합, 산업자동화를 위한 국제표준과 제조공정 데이터 모델, 시스템 연동 등에 대한 표준을 개발해왔고, 미국의 SMLC그룹[7]과의 기술교류 등 스마트공장 대응표준화를 추진한다.
IEC/TC 65/SC 65	산업공정의 측정, 제어, 자동화 관련 표준을 개발, 공정 제어기기, 공정 조절밸브, 디지털 데이터 통신 등에 대한 표준을 개발하고 있으며, 최근 스마트공장 실현을 위한 요소기술의 표준화에도 관심이 있다.
ITU-T SG 20[8]	2015년 6월 신설된 SG20에서는 IoT 기술 및 응용을 다루는 것으로 되어있으며, IoT를 적용한 다양한 응용기술의 표준개발을 진행하고 있다.

7. SMLC(Smart Manufacturing Leadership Coalition)는 산·학·연·정 협의체의 성격을 갖는 미국 비영리기관으로서, 제조혁신기관의 국가적 네트워크 수립을 위하여 조직됐다. 현재, 25개 기업, 7개 대학교, 8개 컨소시엄 및 1개 정부 연구기관이 참여하고 있다.

8. ITU-T SG 20: IoT and its applications including smart cities and communities(SC&C)

주요 선진국의 4차 산업혁명 대응전략은 '첨단제조기술 개발', 'IT융합을 통한 제조 스마트화'로 요약된다. 한국은 산업계가 수용할 구체화된 스마트 실행전략과 지원기반이 상대적 취약하다. 스마트공장에 대한 높은 관심에

〈그림4〉 스마트공장 핵심기술 구조 ver.1.0

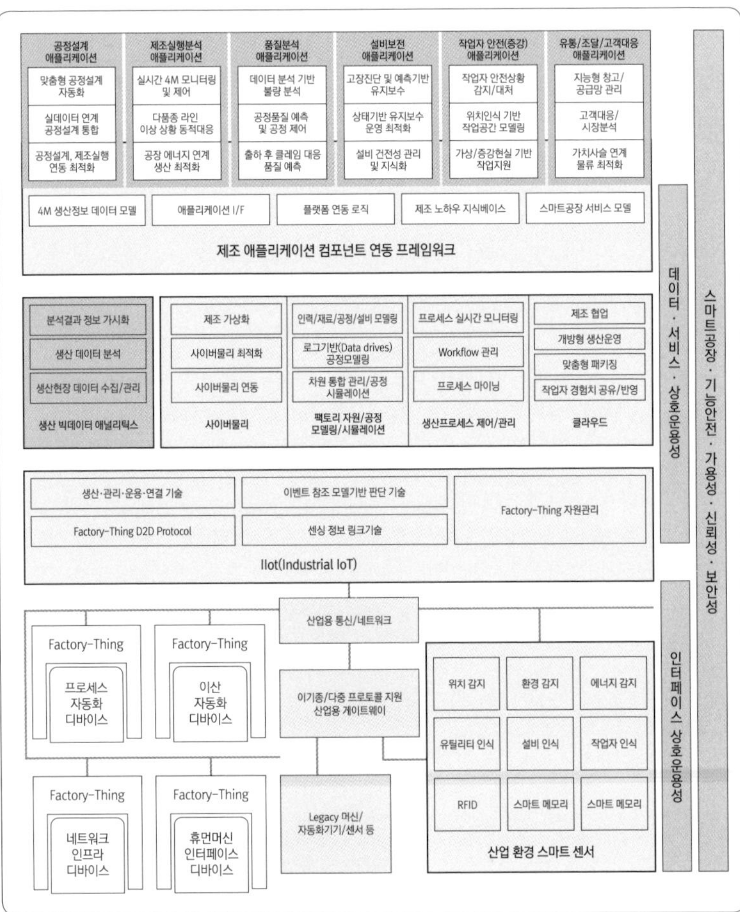

※ 자료: 산업통상자원부, 한국산업기술평가관리원(2015. 8)

도 불구하고, 추진방향에 대한 구체적 개념 및 효과에 대한 통일된 개념과 근거가 여전히 미흡한 실정이다. 국내는 스마트공장 추진을 위한 표준플랫폼 등이 제시되고 있으나 현장 적용에 현실적 어려움이 있고, 특히 공급 측면에서 국내 경쟁력이 취약한 것으로 나타나고 있다.

산업부의 R&D로 기획한 스마트공장의 핵심기술구조(215. 8)는 요소 간 구성이 복잡하여 기술 간 상호운용성 확보와 시스템 통합에 어려움이 예상된다. 따라서 중소기업에서 스마트제조시스템을 도입할 때 쉽게 적용할 수 있는 통합형 시스템 개발이 필요하다. 융복합기술의 집적화와 통합화 그리고 데이터 보안문제의 해결로 기업 적용의 애로를 해소해주는 데 집중해야 하는 것이다.

≫ 착안대국 착수소국(着眼大局 着手小局)의 전략으로!

금년도 세계경제포럼(WEF)은 4차 산업혁명을 3차 산업혁명을 기반으로 한 디지털과 바이오산업, 물리학 등의 경계를 융합하는 기술혁명이라고 설명했다. 인공지능, 3D프린팅, 자율주행자동차, 사물인터넷(IoT), 바이오테크놀로지 등이 4차 산업혁명으로 태어나게 될 주요 산물이라고 한다. 4차 산업혁명을 이끌 실체는 사물인터넷(IoT)과 인공지능을 기반으로 사이버세계와 물리적 세계가 네트워크로 연결돼 하나의 통합시스템으로서 지능형 CPS(cyber-physical system)를 구축하게 될 것이다.

향후 스마트제조 부문의 국제표준화 활동에서는 우리의 기술수준과 글로벌 시장에서의 업계 리더십을 고려하여 적용대상(산업)을 선택하는 전략적 고려가 필요하다. 특히, 주도권 경쟁이 치열한 스마트제조 분야는 관련 기술과 표준화 동향을 신속하게 파악하고 국내 현황에 맞게 해석하여 틈새영

역을 발굴하고 시장을 개척해 나감으로써 글로벌 시장 리더십을 확보해야 한다.

그러나 아직 우리의 준비상태는 무척이나 미흡한 상태이다. 독일, 미국은 보급모델을 위한 테스트베드 구축과 국제표준화에 집중하는 반면, 한국은 표준 없이 스마트공장의 양적인 보급과 확산에만 집중해왔다. 국내 스마트공장의 보급·확산과 더불어 지속가능한 정책을 추진하기 위해서는 향후 중소기업이 벤치마킹할 수 있는 테스트베드 구축이 선결돼야 한다. 또한 미국·독일 중심의 국제표준화 활동 독주에 대응할 수 있는 전문가 네트워크를 활용하여 국제표준화 대응체계를 갖추는 균형 있는 정책추진이 요구된다.

올해 초, 구글 딥마인드사 인공지능인 알파고(AlphaGo)와 한국의 바둑기사 이세돌 9단의 세기적인 바둑 대결로 국민적 관심이 매우 뜨거운 적이 있었다. 바둑에 나오는 명언 중에 '착안대국 착수소국(着眼大局 着手小局)'이란 말이 있다.

대국적으로 생각하고 멀리 방향을 보면서, 착수할 때는 작은 형세를 세밀히 살펴 한 수 한 수에 집중함으로써 부분적인 성공을 거두어 승리에 이른다는 말이다. 현재 한국도 '제조업혁신 3.0'활동의 일환으로 스마트공장 보급 확산사업을 전개하고 있다. 그렇기 때문에 우리는 스마트제조에서 기술개발과 표준화 활동에서 선진국에 비해 후발주자이지만 좀 더 끈기를 가지고 한국 스마트공장 정책의 현주소와 표준화 전략에 대한 종합점검이 필요하다.

지난해 말 있었던 독일 '인더스트리 4.0' 초기활동의 성과에 대한 자국의 냉정한 평가는 우리에게 타산지석이다. 한국이 곧 다가올 4차 산업혁명의 파도를 넘어서기 위해서는 아직 걸음마 단계인 국제표준화 추진, IT보안과 데이터 거버넌스, 법적·정책적 문제해결, 교육 및 인재육성 그리고 가치사슬 전체의 참가 등 해결방안을 종합적으로 검토해야 한다. 국내 이해관계자뿐만 아니라 글로벌 차원에서 다각적으로 협업하는 자세와 노력도 요구되는 시점이다.

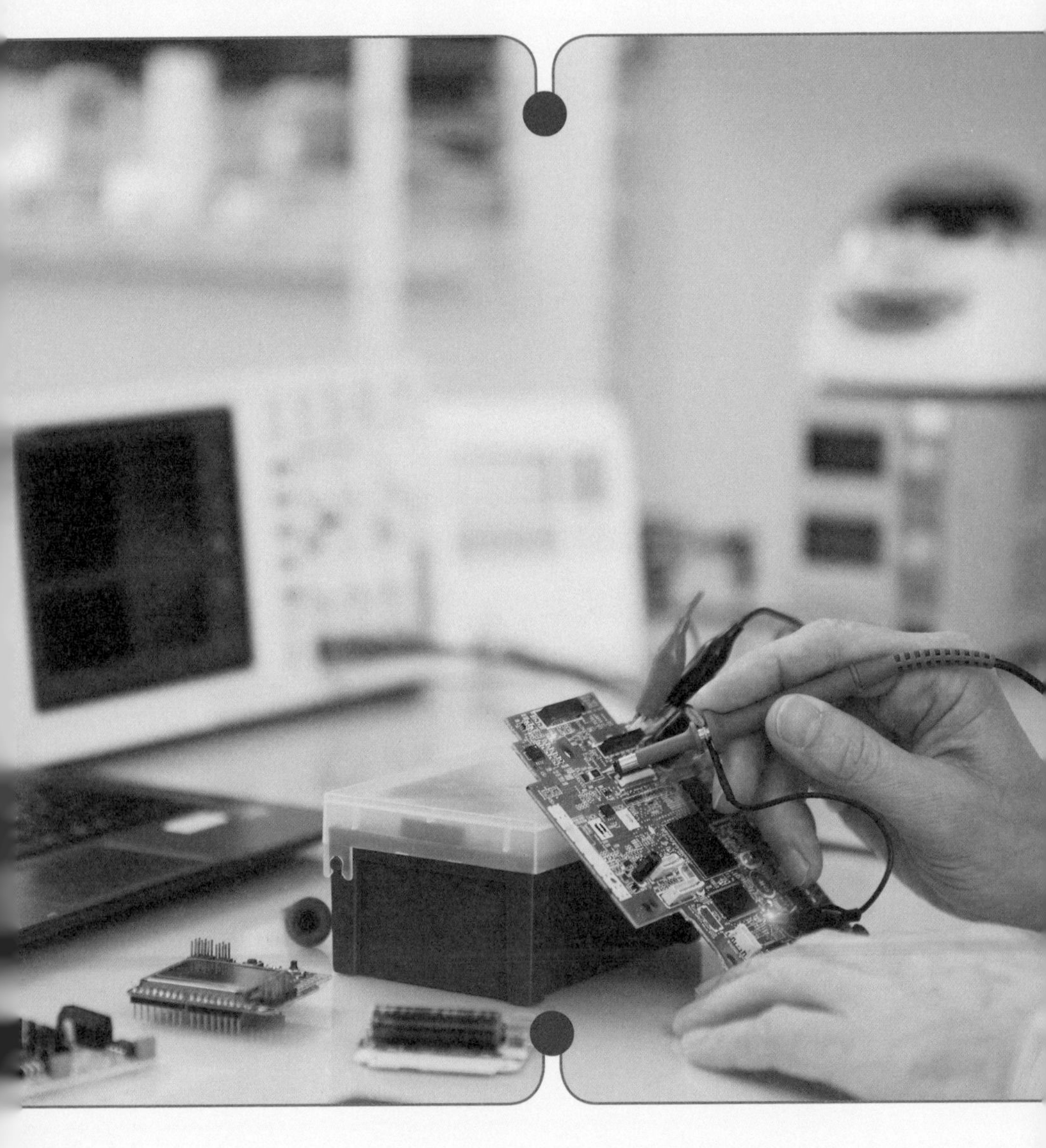

Part 1

INSIGHT 03.

ICT 적합성평가제도, 우리나라와 주요 국가는 무엇이 다른가?

글 | **백종현**(한국표준협회 표준정책연구센터, jhpaik@ksa.or.kr)

국가에서 ICT 제품의 적합성평가를 실시하는 가장 중요한 이유는 사용자의 안전을 확보하기 위해서다. 특히 ICT 산업은 제품의 수명주기가 짧아 적합성평가절차로 인해 신제품 출시가 지연되면 매출에 부정적인 영향을 미칠 수 있다. ICT 산업의 적합성평가절차를 운영하는 방식에 있어서도 차이가 있다. 우리나라가 민간에선 시험을, 정부에선 인증을 책임지는 형태인 반면 미국, 일본, 유럽연합 등에서는 민간에서 인증과 시험을 모두 책임지고, 정부에선 조정, 관리하는 역할만 수행하는 형태이다. 특히 주요국의 경우 정부는 규제와 사후관리 업무에 집중하는 한편 민간의 적합성평가 업무 확대에 따른 부작용을 방지할 목적으로 민간의 의무 또한 강화하는 추세이다. 따라서 우리나라가 적합성평가제도에서 민간의 참여를 확대하고자 한다면 주어진 의무를 준수할 수 있는지 고려하여야 할 것이다.

※ 이 글은 2016년 8월 한국표준협회가 발간한 KSA Policy Study 2016-4호 '주요 교역국 ICT 제품 적합성평가제도 동향 및 시사점- 유럽연합, 미국, 일본을 중심으로'를 칼럼 형태로 재작성한 것입니다. 참고문헌은 한국표준협회(www.ksa.or.kr)에서 확인할 수 있습니다.

ICT 적합성평가제도, 우리나라와 주요 국가는 무엇이 다른가?

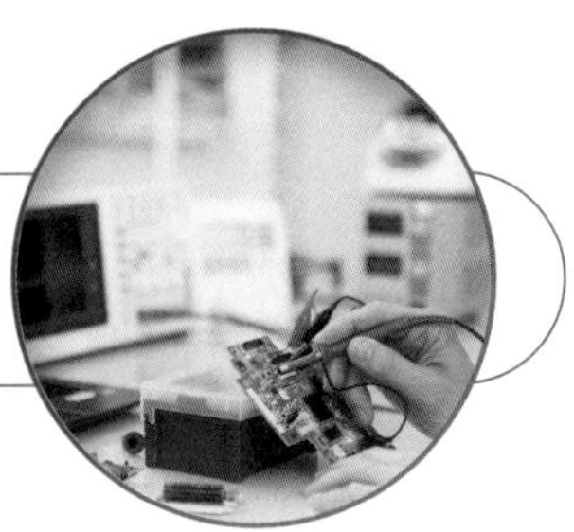

≫ ICT 산업의 적합성평가제도, 산업특성상 중요해

국제표준화기구의 정의에 따르면 적합성평가제도란 제품, 공정 또는 서비스가 규정된 요건을 만족시키는지 여부를 직접 또는 간접적으로 결정하는 일련의 행위[1]이다. 적합성평가제도는 제품이나 서비스를 시장에 출시하거나 이를 필요로 하는 기관이나 기업에 납품하고자 할 때 최소한의 품질을 보증하는 제도적 수단으로 활용되어 왔다. 최근에는 산업의 융복합화 현상과 맞물려 ICT 산업분야에도 〈표1〉과 같이 제1자 또는 제3자 적합성평가제도 등 다양한 유형의 적합성평가제도가 활용되고 있다.

ICT 산업에서 적합성평가제도가 특히 중요한 이유는 산업적인 특성과 결부시켜 살펴볼 수 있다(Christopher Johnson 2008). 첫째, ICT 산업은 제품의 혁신속도가 빨라 제품의 수명주기가 12개월에서 18개월에 불과하며 적

1. 국제적인 적합성평가활동의 범위에는 시험(Testing), 검사(Inspection), 교정(Calibration), 인정(Accreditation), 인증(Certification) 등이 모두 포함되나, 이 보고서에는 제품의 적합여부를 평가하는 시험(Testing), 인증(Certification), 공급자적합선언(SDoC: Supplier's Declaration of Conformity)과 관련된 활동에 제한하여 살펴보기로 한다.

〈그림1〉 적합성평가의 개념

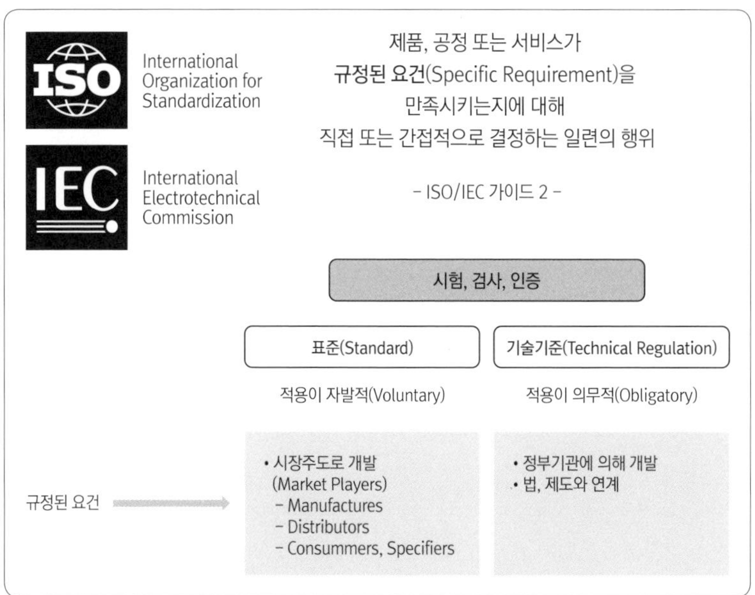

※ 출처: 국가기술표준원(2016), 무역기술장벽(TBT)의 이해 및 대응정책, 2016 발표자료

〈표1〉 적합성평가제도의 유형

구 분	제1자 적합성평가	제2자 적합성평가	제3자 적합성평가
제도의 유형	제조자(공급자) 적합선언(DoC, SDoC)	조달검사	인증(Certification)
평가 주체	제조자(공급자)	수요자	규제당국, 인증기관
평가 기준	제조자(공급자) 채택기준	수요자 제시기준	수요자와 제조자(공급자) 합의기준(인증기준)
사후 관리	제조자(공급자) 자체실시	-	규제당국, 인증기관
시장 감독	규제당국	수요자	규제당국
책임 소재	제조자(공급자)	수요자	인증당사자, 인증기관
특 징	영업비밀보호 제품이용자 보호 취약	국방 등 특수 분야에 주로 사용	독립기관 검증, 제품이용자보호

합성평가 절차로 인해 신제품 출시가 지연(1개월 수준)되면 매출에 부정적인 영향을 미칠 수 있다. 둘째, ICT 산업은 글로벌 기업의 주도로, 다국적 공급망관리(SCM)시스템 속에서 부품공급과 제품조립이 진행되므로, 이 과정에서 국가별로 상이한 적합성평가절차가 완제품의 효율적 생산과 출시에 영향을 준다. 셋째, 대부분 국가에서 ICT 제품의 적합성평가를 실시하는 이유는 해당 제품이 이용하는 전기통신망과 주파수 대역에서의 혼간섭 영향을 최소화하여 사용자의 안전을 확보하기 위한 것이다. 이를 통해 ICT 산업환경 속에서 안전한 제품의 유통을 보장하고 이용자 보호를 꾀할 수 있다.

이 글에서는 우리나라와 주요 교역관계를 맺고 있는 미국, 유럽연합, 일본을 중심으로 ICT 제품의 적합성평가제도의 효율화와 합리화 노력을 살펴보고 국내 적합성평가제도 개선 방향을 제시하고자 한다.

〈그림2〉 주요 교역국들의 적합성평가제도 개선활동

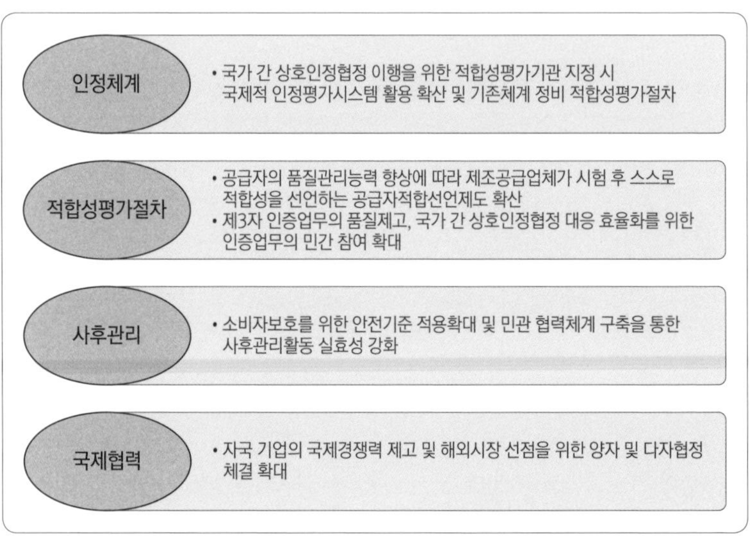

인정체계
• 국가 간 상호인정협정 이행을 위한 적합성평가기관 지정 시 국제적 인정평가시스템 활용 확산 및 기존체계 정비 적합성평가절차
적합성평가절차
• 공급자의 품질관리능력 향상에 따라 제조공급업체가 시험 후 스스로 적합성을 선언하는 공급자적합선언제도 확산
• 제3자 인증업무의 품질제고, 국가 간 상호인정협정 대응 효율화를 위한 인증업무의 민간 참여 확대
사후관리
• 소비자보호를 위한 안전기준 적용확대 및 민관 협력체계 구축을 통한 사후관리활동 실효성 강화
국제협력
• 자국 기업의 국제경쟁력 제고 및 해외시장 선점을 위한 양자 및 다자협정 체결 확대

≫ 주요 교역국 ICT 제품 적합성평가제도 정책 동향

유럽연합, 미국, 일본 등 우리나라와 밀접한 교역관계를 맺고 있는 주요 국가들은 1990년대말부터 자국 적합성평가제도의 선진화와 합리화를 위하여 적합성평가기관의 평가제도인 인정체계(accreditation scheme), 시험인증 등 적합성평가절차(conformity assessment process), 시장유통제품의 사후관리(market surveillance), 국가 간 적합성평가제도의 등동성 확보로 인한 상호인정협력 등 국제협력 활동을 개선하거나 강화하여 왔다. 주요 교역국들의 적합성평가제도 개선활동을 요약하면 〈그림2〉와 같다.

유럽연합은 1980년대 중반 이후 유럽공동체 시장에서 제품의 자유로운 유통을 보장하고 회원국 간 전기통신망의 호환성을 확보하기 위해 개별 회원국이 운영하던 적합성평가기준과 평가제도를 유럽연합 차원에서 통합하여 운영하는 작업을 추진해왔는데. 이를 시기별로 구분해보면 다음과 같다.

우선 1999년부터 2007년까지는 '새롭고도 총괄적인 접근법'에 따른 '전기전파통신기기 지침(R&TTED)', '저전압지침(LVD)', '전자파적합성지침(EMCD)'에 따라 역내에 유통되는 ICT 제품의 적합성평가 기준과 절차로 유럽공통표준(harmonized EN)과 공급자 적합선언제도(SDoC) 기반의 유럽 공통적합성평가(CE)제도 활용을 제도화하여 ICT 제품의 유럽연합 내 자유로운 유통을 보장하는 데 중점을 두었다. 그러나 이러한 조치로 다양한 해외국가 저품질 제품의 유럽연합 내 반입이 증가해 유통시장을 어지럽히는 등 문제점이 발생했다. 이에 2008년부터 현재까지는 '새루운 법제 프레임 워크(New Legal Framework)'에 따라 유럽 공통 적합성평가제도의 신뢰성을 높이고, 제도 운영의 합리화를 위해, 적합성평가절차에서의 ▲공급자의 제품 책임 강화 ▲회원국 인정기관 정비를 통한 적합성평가기관 관리 강화 ▲민간 적합성 평가기관의 사후관리 참여 확대 등을 꾀하고 있다. 1980

〈그림3〉 유럽연합의 ICT 적합성평가제도 정책 흐름

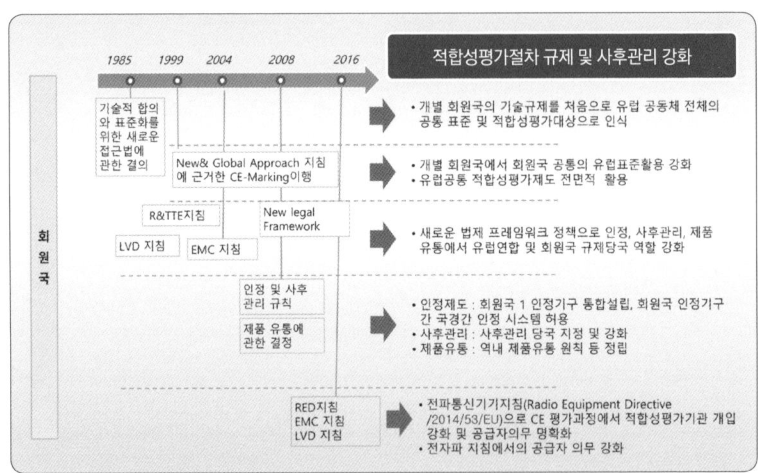

〈표2〉 유럽연합의 ICT 제품 적합성평가제도 개혁조치

구 분		세부 내용
인정체계		• 1회원국 1인정기구 통합 설립 • 단 회원국 인정기구 간, 국경 간 상호인정허용(cross border accreditation) 조치를 통해 적합성평가기관이 인정기구를 자유로이 활용할 수 있도록 함
적합성 평가절차	민간참여확대	• 적합성평가기관(NB)의 공법인 요건 등 없음
	공급자 적합선언제도 도입	• 1999년부터 공급자 적합선언제도(SDoC) 기반의 유럽공통적합성평가(CE)제도 제도화
사후관리		• 회원국 사후관리 당국 지정 및 예산 지원, 유럽집행위원회, 회원국 정부 적합성평가기관(NB)가 참여하는 정기 사후관리 캠페인 실시 • 적합성평가기관(NB)의 공급자 기술문서 유효성 검증 절차 강화
국제협력		• 주요 교역국과의 상호인정협정체결 확대(미국, 한국, 일본 등)

년대부터 최근까지의 유럽연합의 ICT 적합성평가제도 정책 흐름은 〈그림3〉으로 요약할 수 있다. 이 기간 중 유럽연합의 인정체계, 적합성평가절차, 사후관리 등 주요 개혁조치는 〈표2〉로 요약할 수 있다.

미국은 연방통신법 제정 이후 적합성평가절차와 기준 제개정에서 민간참여를 확대함과 동시에, 최근에는 적합성평가절차를 합리화하는 등 전반적인 규제 개선을 추진하여 왔다. 이를 시기별로 구분해보면 다음과 같다.

우선 1996년부터 2013년 기간 중에는 1996년 연방통신법 제정에 따른 1998년 규제 간소화 조치(streamlining order)로 ▲인증제도 및 유선 기술기준 제개정 관리 민간 위탁 ▲ 공급자 적합선언제도 확대 ▲국가 간 상호인정협정을 위한 인정체계 도입과 운영을 주로 추진하여 왔다. 그러다가 2014년도에는 그간의 적합성평가 규제 운영과정에서 발생하였던 각종 문제점을 보완하는 새로운 인증규정을 공포하게 된다. 새로운 인증규정에 따

〈그림4〉 미국의 ICT 적합성평가제도 정책동향

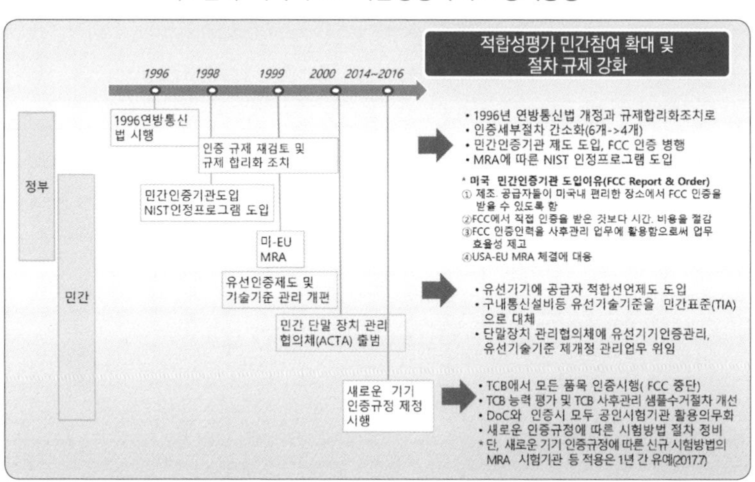

라 2016년부터는 ▲민원인 요청에 따른 연방통신위원회 직접 인증 중단 ▲적합성평가절차에서 공인시험기관 전면 활용 ▲민간인증기관의 사후관리 절차 개선 등의 조치를 시행하게 된다. 1990년대부터 최근까지의 미국의 ICT 적합성평가제도 정책 흐름은 〈그림4〉로 요약해볼 수 있다. 이 기간 중 미국의 인정체계, 적합성평가절차, 사후관리와 국제협력분야에서의 주요 개혁조치는 〈표3〉과 같다.

〈표3〉 미국의 ICT 제품 적합성평가제도 개혁조치

구분		세부 내용
인정체계		• 국립표준기술원(NIST), 미국표준협회(ANSI)에 의한 인정 시스템을 시험기관 및 인증기관 지정 시 활용
적합성 평가절차	민간참여확대	• 전기통신인증기관(TCB) 프로그램 실시
	공급자 적합선언제도 도입	• 산업용 설비, 전파수신설비, 전기통신단말기기에 3가지 유형의 공급자 적합선언제도(Verification, DoC, SDoC) 실시
사후관리		• 전기통신인증기관의 정기 사후관리 프로그램 실시
국제협력		• 주요 교역국과의 상호인정협정체결 확대 (유럽연합, 한국, 홍콩, 대만 등)

일본은 1980년대부터 2000년대 초반까지 점진적으로 적합성평가제도를 정비해오다가, 2001년 총리실 주도의 '규제개혁 3개년계획'과 '공익법인의 행정관여 개혁 실시계획'에 따라 본격적으로 적합성평가제도를 개편했으며, 이외에도 국가 간 상호인정협정에 대응하기 위해 전기/전파통신, 전자파 분야에 인정시스템을 도입하기 시작했다. 일본의 적합성평가제도의 전면적인 개편노력은 2004년부터 진행되었는데 특히 2004년도 발족한 '단말기기 및 특정 무선설비 기준인증제도에 관한 연구회' 연구결과에 따라 적합성평가절차에 민간기관 참여 허용, 민간 참여 확대, 공급자 적합

선언제도 도입 등의 조치를 실시하게 된다. 1980년대부터 최근까지의 일본의 ICT 적합성평가제도 정책 흐름은 〈그림5〉로 요약해볼 수 있다. 이 기간 중 일본의 인정체계, 적합성평가절차, 사후관리 등 주요 개혁조치는 〈표 4〉로 요약할 수 있다.

〈그림5〉 일본의 ICT 적합성평가제도 정책흐름

적합성평가 민간참여 확대 및 사후관리 강화
1978 1981 1985 1998 1999 2001 2002 2004
정부
민간
무선설비검정 검사협회(MKK)
NTT 설립
TELEC (구MKK)
규제개혁 3개년계획 공익법인의 행정관여 개혁실시계획
전파통신 인증기관 지정(MKK)
전기통신 인증기관 지정(JATE)
전자파 규제 협의체(VCCI) 설립
전기/전파 EMC인정 시스템
일-EU MRA
단말기기 및 특정무선설비 기준인증제도 연구회 발족
인증거관의 공법인 요건 철폐 및 개방
지정시험기관 폐지 등록인증기관제도 공급자 적합확인제도 국가의 사후관리 강화
· 지정공법인에 인증업무 위탁(1980년대)
① 전파통신 : MKK(현 TELEC)
② 전기통신 : JATE
③ 전자파 : VCCI(민간재단법인)
· MRA에 대비한 인정시스템 정비(1999년)
· 인증업무의 재검토 실시 및 조치(2004년)
1. 기준인증제도의 검토 원칙
① 민간주도에 의한 효율적인 기준인증제도의 구축
② 사회적 안전판으로서의 기능 유지 및 향상
2. 새로운 기준인증제도의 제도설계
① 국가의 증명제도에서 국가에 의해 등록을 받은 민간 제 3자 인증제도 및 제조업자/수입업자에 의한 자기적합선언제도로 전환.
② 제 3자 인증제도는 기기 전체를 대상으로 하나, 자기적합선언제도는 기기의 특성에 따라대상기기를 선정하고 선택에 따라 제 3자 인증제도를 이용
③ 제조업자의 기술기준적합 의무 등을 도입함과 동시에 기준 부적합 기기에 관한 정보 수집, 방문검사, 명령 등의 사후조치를 충실히 이행
④ 현행 제도와 같은 수준의 법적 효과를 부여

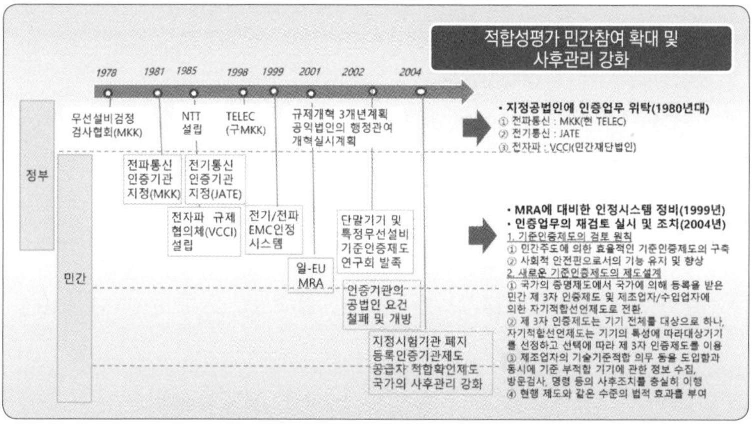

〈표4〉 일본의 ICT 제품 적합성평가제도 개혁조치

구분		세부 내용
인정체계		• 일본 인정기구(JAB), 전자파시험인정기구(VLAC)에 의한 인정시스템을 전기/전파통신 인증기관 평가와 제조업체 시험소 평가 시 활용
적합성 평가절차	민간참여확대	• 전기 및 전파통신 인증기관 공법인 요건 폐지 • 시험기관 및 인증기관 지정제도 폐지 • 인증기관 등록제도 도입
	공급자 적합선언제도 도입	• 일부 전기통신단말기기와 무선설비에 제조자 기술 기준 적합확인제도 허용
사후관리		• 민간인증기관에 사후관리 의무 부여 • 국가에 의한 표시금지, 개선, 방해금지명령 등 조치 및 현장 조사실시
국제협력		• 국가 간 상호인정협정 활성화를 위한 상호인정협정 관련 법령 제정

≫ 국가별 ICT 제품 적합성평가제도 운영체계

① **적합성평가제도 운영체계** 국가별로 ICT 적합성평가제도 관련 업무는 크게 규제업무, 지정업무, 인정업무와 적합성평가업무(시험과 인증)로 구분된다. 이러한 기능들이 기관별로 분리되어 있는 정도에 따라 국가별로 ▲규제업무 분리형 ▲인정과 적합성평가업무 분리형 ▲규제와 적합성평가업무 분리형 ▲규제-지정-인정-시험·인증업무 완전분리형으로 구분된다. 〈표5〉는 국가별 ICT 제품 적합성평가기관 운영체계를 도해하여 제시해본 것이다.

② **적합성평가 절차** 미국, 일본 등 주요 국가들은 모두 제조공급자의 자율적 규제준수를 보장하기 위한 제1자 적합성평가절차인 공급자 적합선언절차와 제3의 기관을 통한 검증을 받도록 하는 제3자 적합성평가절차인 인증절차를 모두 도입하고 있다. 그러나 절차 운영에서는 일부 차이가 있는데 우

〈표5〉 국가별 ICT 제품 적합성평가기관 운영체계

구분	법적강제 범위			
	규제기관	지정기관	인정기관	적합성평가기관 (시험/인증)
유럽연합	유럽연합 규제당국	유럽연합 지정당국	유럽인정기구(EA)산하 회원국별법정인정기구	분야별로 지정된 적합성평가기관(NB) 회원국에 존재
미국	연방통신 위원회 (FCC)	국립표준기술원 (NIST: MRA) 연방통신위원회 (국내 TCB 지정)	시험: NIST-NVLAP, A2LA 인증: ANSI, ACLASS	민간 전기통신 인증기관(TCB) (30곳 이상)
일본	총무성	총무성	일본 적합성인정협회(JAB) 전자파장해자주규제협의회 시험인정소(VLAC) 등	민간등록 인정/증명기관 (10곳 이상)
한국	미래창조 과학부	국립전파연구원	KOLAS(시험기관) KAS(제품인증기관) KAB(ISO 품질경영시스템)	인증: 전파시험인증센터 (국립전파연구원소속) 시험: 민간 44개 기관

선 공인된 기관으로부터 인정받은 공인인정시험기관의 활용과 관련해 과거에는 적합성평가절차에서 제조, 공급업체 또는 인증기관이 인정기관의 인정을 받은 공인시험기관을 반드시 활용할 필요가 없었다. 그러나 최근에는 공급자 적합선언절차와 인증절차에서 제3자 적합성평가절차에서 공인시험기관을 활용하도록 하여 적합성평가결과의 신뢰성을 높이는 추세이다. 또 공급자적합선언제도의 관리와 관련해 미국과 유럽연합은 선언결과를 자체 보관하거나 제3기관에 제출토록 하고 있다. 반면 한국과 일본은 정부에 등록하거나 신고하도록 하여, 공급자의 적합성평가결과를 정부가 관리하고 있다. 〈표6〉은 국가별 ICT 제품 적합성평가절차를 비교해본 것이다.

③ **적합성평가 대상품목** 주요국들의 적합성평가절차별 대상품목은 제품의 위해도(harmfulness), 전파 혼·간섭(radio interference) 발생정도, 제조자의 품질관리능력을 감안하여 공급자적합선언품목과 인증품목으로 구분된다. 인증품목은 전파혼간섭을 초래할 수 있는 전파송신기기와 통신망에 접속하여 위해 우려가 있는 단말기기가 대상이고, 공급자적합선언품목은 산

〈표6〉 국가별 ICT 제품 적합성평가절차

구분	유럽연합	미국	일본	한국
인증 절차	〈해당사항 없음〉	① 제조·공급자 신청 ② 공인시험/인증기관 시험 ③ 인증기관 인증	① 제조·공급자 신청 ② 자체 시험※ ③ 인증기관 인증	① 제조·공급자 신청 ② 지정시험기관 시험 ③ 인증기관 인증
공급자 적합 선언 절차	① 제조·공급자 기술문서 작성제출 ② 적합성평가기관(NB) 기술문서 평가 승인 ③ 공급자 기술문서 보관 관리	① 제조·공급자 신청 ② 공인시험기관 시험 ③ 무선: 자체보관 유선: 전기통신 난발 기기협회 등록	① 제조·공급자 신청 ② 자체시험※ ③ 종부성 결과 신고	① 제조·공급자 신청 ② 지정시험기관 시험 또는 자체시험※ ③ 정부에 결과 등록

※ 주: 자체시험의 경우 시험설비가 있는 경우 제조·공급자가 직접 시험하거나, 시험설비가 없을 때에는 인증기관(일본과 미국) 또는 지정시험기관(한국)에 의뢰하여 시험할 수 있음

업용이나 업무용 제품이 주로 대상인데 제품의 이용특성에 따라 4가지 유형의 세부절차를 적용한다. 제품의 이용특성이 산업용 등 특정용도에 국한된 경우에는 정부 규제강도가 낮은 유형 Ⅳ를, 제품의 이용특성이 범용적 특성을 띠는 경우에는 정부 규제강도가 높은 유형 Ⅰ을 적용하고 있다. 〈표7〉은 국가별 ICT 제품 적합성평가절차별 대상품목을 예시한 것이다.

④ **적합성평가 표시방법** 주요 국가별 적합성평가 표시방법은 제품 표면, 포장재 등에 도안을 활용한 마크형(mark)과 진술형(description)으로 구분되며, 국가별로 두 가지 방식을 적절히 혼합하여 활용하는 경우도 있다. 다

〈표7〉 국가별 ICT 제품 적합성평가절차별 대상품목 예시

국가	인증	공급자 적합선언(SDoC)			
		유형 - I 공인시험-결과등록	유형 - II 공인시험-보관	유형 - III 자체시험-결과등록	유형 - IV 자체시험-보관
미국	• 명칭 : 인증 • 품목 : 대부분의 송신기, 전파통신스캐너 적합선언 또는 공급자적합선언품목(선택)	-	• 명칭 : 적합선언 • 품목 : 개인용 컴퓨터 및 주변기기(Class B), TV 인터페이스카드, CABLE 모뎀, 이용자용 산업과학의료(ISM) 기기	• 명칭 : 공급자적합선언 • 품목 : 전기 통신 단말기기	• 명칭 : 입증 • 품목 : 디지털장치 및 업무용 컴퓨터 주변기기(Class A), TV& FM 수신기 이용자용 기기가 아닌 것
유럽연합	-	-	• 명칭 : 유럽공통 적합성평가(CE) • 품목 : 전파통신기기, 전자파기기, 정보기기(선택)	-	• 명칭 : 유럽공통 적합성평가 • 품목 : 전파통신기기, 전자파기기, 정보기기(선택)
일본	• 명칭 : 기술기준 적합인정(증명) • 품목 : 전기통신 단말기기 특정무선단말기기 제조자적합확인 품목(선택)	-	-	• 명칭 : 제조자 적합확인 • 품목 : 전기통신단말기기, 특별특정 무선단말기기(무선전화, 무선통신 이동국 등)	-
한국	• 명칭 : 적합인증 • 품목 : 전기/전파 통신기기	• 명칭 : 지정적합등록 • 품목 : 전자파 기기, 정보기기	-	• 명칭 : 자기적합 등록 • 품목 : 측정검사용기기, 산업과학용 기기	-

만 최근에는 ICT 제품의 경박단소(輕薄短小) 경향에 따라 제품 표면에 적합성평가 받은 사실을 표시하는 방식에서 제품의 전자 디스플레이에 표시하는 전자적 라벨링(e-labelling)이 점차 확산되고 있는 추세이다.[2] 〈표8〉은 국가별 ICT 제품 적합성 표시방법을 제시한 것이다.

〈표8〉 국가별 ICT 제품 적합성평가 표시방법

국가	적합성평가 표시		
	마크형		서술형
미국	인증 및 입증		• 인증(Certification) - FCC ID - 승인번호(Grantee Code) - 제품번호(Equipment Product Code) • 입증(Verification) This device complies with Part 15 of the FCC Rules. Operation is subject to the condition that this device does not cause harmful interference.
	적합선언 (전파통신 기기)	(Assembled From tested components Complete system not tested)	
유럽연합	전파통신 지침 전자파 지침 전기안전 지침		• 공급자 적합선언 문서
일본	인증(적합인정/증명) 및 적합확인(DoC)		-
한국	인증 또는 적합등록		-

⑤ **적합성평가제품 사후관리** 주요 국가들의 사후관리 방식의 경우 종전에는 주로 정부 사후관리 당국자 중심으로 이루어지던 형태에서 점차 사후관리당국과 민간 적합성평가기관이 상호 협력하여 시장 내 부적합한 제품의 유통을 방지하는 형태로 변화하고 있다. 국가별 사후관리 형태를 살펴보

2. 전자적 라벨링과 관련하여 미국, 일본, 우리나라는 도입하여 시행중이나 유럽연합은 의료기기 등 일부제품을 제외하고 사후관리의 효율성 등을 이유로 도입이 되어 있지 않다.

면 우선 미국, 일본에선 민간인증기관이 정부의 사후관리에 적극 참여하고 있다. 즉 미국과 일본의 민간 적합성평가기관의 경우 자신이 인증한 제품에 대하여 제품 표본을 선정하여 정기적으로 사후관리를 실시하고, 그 결과를 정부에 보고하여야 할 의무가 있다.

유럽연합의 경우 회원국 사후관리기관의 정기적인 유통 제품조사, 적합성평가기관의 위반제품 공급자 모니터링과 규제당국 보고, 협력단체의 적합성평가기관 기준준수 여부 등 제품과 적합성평가기관에 대한 다각적인 모니터링을 실시하고 있다. 유럽연합집행위원회는 원국 사후관리당국과 정기적으로 'market surveillance campaign'을 실시해 불량기기 유통실태를 파악하여 관련 조치를 취하고 있으며 회원국 정부는 자국에 수입 제품을 중점관리하고 유통판매점을 방문 조사하는 등의 역할을 수행하고 있다. 또한 민간 적합성평가기관들은 자신이 승인한 적합성평가 결과에 대하여 지속적으로 적합성평가 결과가 유효한지 검토할 책임을 지며 때에 따라서는 제조자 품질보증시스템을 주기적으로 점검하기도 한다. 〈표9〉는 국가별 ICT 제품 사후관리 방식을 제시한 것이다.

〈표9〉 국가별 ICT 제품 적합성평가 사후관리 방식

<table>
<tr><th rowspan="2">구분</th><th rowspan="2">미국</th><th rowspan="2">일본</th><th colspan="2">유럽연합</th></tr>
<tr><th>프랑스</th><th>독일</th></tr>
<tr><td>주체</td><td>• 연방통신위원회(FCC)
• 전기통신인증기관(TCB)</td><td>• 총무성
• 등록인증기관</td><td>• 공정거래소비자청(DGCCRF)
• 국립주파수청(ANFr)
• 세관(DOUANCE)
• 적합성평가기관(NB)</td><td>• 연방네트워크청(FNA) 산하 분소
• 적합성평가기관(NB)</td></tr>
<tr><td>방식</td><td>• FCC : 소비자불만 및 경쟁업체 고발 제품 중심의 수시 사후관리
• 인증기관 : 5% 이상 사후관리 품목을 선정하고 정기적으로 실시</td><td>• 총무성 : 소비자 불만제품 사후관리 인증기관 사후관리 보고를 토대로 제품 선정 및 조사
• 인증기관 : 연1회 자체 점검후 사후관리 결과 보고</td><td colspan="2">• 회원국 : 유럽연합의 주기적사후관리 캠페인 참여, 시장 유통제품 수시 사후관리 실시 등
• 적합성평가기관 : 공급자 기술 문서변경 발생 시 유효성 검증 및 주기적으로 공급자품질보증 능력 점검</td></tr>
</table>

≫ 정부와 민간의 역할을 조정하고 사후관리 효율화방안 마련해야

국가별 적합성평가제도는 시대적 상황, 시장규모, 정책에 따라 상이하게 발전해왔기 때문에 어느 국가의 제도가 일률적으로 적합하다고 말하기는 곤란하다. 다만 우리나라와 주요 국가들의 적합성평가제도 특징을 운영 목적, 운영 방식과 민관 역할 측면에서 요약 비교해보면 다음과 같다.

첫째, 운영 목적 측면에서 우리나라와 주요국들의 적합성평가제도의 운영 목적은 ▲유무선 통신 위해방지와 전파간섭 최소화 ▲ICT 제품의 품질유지를 통한 제품의 안전성 확보와 이용자 보호 ▲제품 간 상호호환성 보장이다. 다음으로 운영 방식과 관련해서 우리나라의 경우엔 민간(시험)과 정부(인증)가 혼합하여 참여하고 있는 반면 해외 주요국들의 경우 민간(시험과 인증)이 참여하고 정부는 이들을 조정, 관리하는 중재자의 역할을 수행하고 있다. 다음으로 민관역할 측면에서 주요국들의 경우 적합성평가제도 운영 시 정부는 규제와 사후관리 업무에 집중하면서, 적합성평가 업무 수행에는 민간참여를 확대하지만, 이러한 확대에 따른 부작용을 방지할 목적으로 민간의 의무도 강화하고 있다. 따라서 우리나라가 앞으로 적합성평가제도에서 민간 참여 확대를 강화하고자 한다면 권한과 함께 주어진 의무를 동시에 효과적으로 준수할 수 있는지도 고려하여야 할 것이다.

마지막으로 적합성평가제도 개선과 관련하여 우리나라가 추진해야 할 과제들을 제시해보면 ▲ICT 제품의 적합성평가제도에서 정부와 민간의 역할 조정 방안 ▲ICT 제품의 시장 유통 투명성 확보를 위한 사후관리 효율화 방안 ▲ICT 제품의 적합성평가제도의 동등성 확보를 위한 국가 간 협력 방안 등이 있다.

INSIGHT 04.

ICT 분야 기술기준과 적합성평가시스템의 민간화가 필요하다

글 | **이용규**(중앙대학교 공공인재학부, james@cau.ac.kr)

세계 각 나라들은 ICT 분야의 기술기준과 적합성평가시스템을 지속적으로 혁신하고 있다. 우리나라도 이에 발맞춰서 기술기준과 적합성평가절차의 많은 부분을 민간에 이양하는 방향으로 혁신해야 한다. 현재 ICT 관련 민간기관의 규모나 기술력을 종합적으로 고려할 때, 민간기관이 ICT 적합인증업무를 적정하게 수행할 수준에 도달하였다고 판단된다. 아울러 미인증 ICT 기기에 의한 사건 사례가 지난 5년간 보고되고 있지 않은 점을 고려할 때, 안전성도 확보된 것으로 보인다. 따라서 현형 제도의 엄격성을 다소 완화하여 일부 기술기준을 민간임의 표준으로 전환하거나 SDoC 해당 품목을 확대해야 할 것이다.

※ 이 글은 2016년 한국표준협회가 주관한 〈제4회 표준정책 마일스톤 연구 – R&D, 기술혁신, 그리고 표준〉의 지원을 받아 수행된 연구 논문 'ICT 분야의 기술기준 및 적합성평가시스템의 혁신정책에 관한 연구: 민간화 방안을 중심으로'를 칼럼 형태로 재작성한 것입니다. 참고문헌은 한국표준협회(www.ksa.or.kr)에서 확인할 수 있습니다.

ICT 분야 기술기준과 적합성평가시스템의 민간화가 필요하다

우리나라가 국제적 경쟁력을 갖춘 ICT 분야는 기술이 빠르게 발전함에 따라, 제품의 수명주기가 지속적으로 단축되고 있다. 새로운 ICT 제품이 개발되었더라도 출시되려면 적합성평가절차(conformity assessment procedure)를 통하여 법률에 명문화되어 있는 기술기준을 충족하였음을 입증해야만 한다. 그러나 이 과정에서 상당한 시간과 비용이 발생함에 따라 일부 국가들은 기술기준과 적합성평가시스템을 지속적으로 혁신하고 있다.

지난 20여 년간 나타난 혁신의 대체적인 흐름은 '정부역할 축소-민간역할 확대'와 '사전-행정적 규제'에서 '사후-사법적 규제'로의 전환이라 할 수 있다. '정부역할 축소-민간역할 확대'의 대표적인 사례는 일본이 전자기파 적합성(EMC)을 기술기준에서 민간 임의표준으로 전환한 것이다. 미국의 경우, 연방통신위원회(FCC: Federal Communication Commission)가 수행하던 인증업무를 민간기관인 정보통신기기 인증기관(TCB: Telecommunication Certification Body)에게 위탁하였다.

‘사전-행정적 규제’에서 ‘사후-사법적 규제’로의 전환은 EU 사례에서 찾을 수 있다. EU의 경우, 방송통신기자재에 대한 EMC, 무선, 유선 등의 기술기준에 대하여 법적 강제를 유지하고 있으나, 공급자가 스스로 제품의 적합성여부를 평가·선언하는 공급자 적합선언방식(SDoC: Suppler's Declaration of Conformity)을 전면적으로 도입·운용하고 있다. 이 글에서는 ‘우리나라의 기술기준과 적합성평가절차’의 혁신정책을 제시하고자 한다.

≫ 국내외적 환경에서 민간화에 대한 필요성 지속적으로 증가

먼저 ‘기술기준과 적합성평가시스템’과 관련된 국내외 환경을 살펴볼 필요가 있다. 국외적 요인들로는 첫째, 우리의 ‘기술기준과 적합성평가시스템’이 교역상 기술장벽(TBT)으로 작용하고 있다는 교역대상국 주장에 대응할 필요성이다. 둘째, TBT 제거를 위하여 개발된 상호인정협정(MRA) 제도의 2단계 체결 요청이 증가하고 있으며 우리나라도 이를 수용해야 할 필요가 있다.

이의 실질적 전제조건은 국립전파연구원(RRA)이 수행하고 있는 인증업무의 민간위탁이다. 마지막으로 우리나라가 가입을 희망하고 있는 지역경제공동체인 TPP(Trans- Pacific Partnership)에서도 EMC 적합성평가방식을 SDoC로 규정하고 있기에 가입과 동시에 적합성평가절차의 개정이 필요하게 되었다.

국내적 요인은 적합성평가시장 확대의 필요성과 제조업체의 시험-인증 간소화 요구에 대한 대응의 필요성, 낮은 사고 발생빈도 등으로 인하여 기술기준과 적합성평가시스템을 혁신할 필요성 등이다.

정부정책의 혁신은 대체로 규제완화나 강화를 통하여 이루어진다. 국민

안전과 관련 있는 '기술기준과 적합성평가절차'도 정책수요자의 요청에 따라 엄격성을 완화하는 방향으로 혁신하여 왔다. 그러나 최근의 선진국 혁신 사례를 살펴보면 단순한 규제완화가 아니라, 민간의 역할 강화를 통하여 기술기준과 적합성평가시스템의 혁신이 이루어지고 있다.

해외 민간화사례를 그대로 모방하는 건 부적절할 수 있다. 국가마다 처한 상황이 다르고, 우리나라 내부적 상황을 고려하지 않은 민간화 정책은 오히려 기술기준과 적합성평가시스템의 근본 목적을 훼손하여 국민안전과 통신망 혼·간섭 방지에 역행할 수 있기 때문이다. 아울러, 외국 제조업체에게 우리나라의 시장을 개방하고 교역 당사국가의 시장은 개방시키지 못하여 국내 제조업체에게 불이익이 될 수도 있다.

한편 민간화의 이론적 배경에는 정부실패론과 민간성장론이 존재하고 있다. 현실적으로 두 개의 이론이 제시하는 조건이 만족되어야 공공재의 공급이 민간으로 이양되거나 위탁될 수 있다. 즉, 정부에서 수행하는 업무나 활동이 효율적이지 못하더라도, 이를 대체할 민간기관이 없으면 정부가 지속적으로 해당업무를 수행할 수밖에 없다.

이러한 맥락에서 민간화 가능성을 분석하면, 기술기준과 적합성평가 관련 업무나 입법업무는 정부가 수행하여야 한다. 그러나 입법 단계에 앞서 제정 단계에서는 이미 비정부기관이나 순수 민간기관이 참여하고 있다. 따라서 기술기준 제정을 위한 순수 입법 활동을 제외한 표준제정 과정에서의 정부 역할은 과거와 비교하여 상대적으로 축소되었으며, 현재는 민간과 정부가 협업하는 것이라 보아야 한다.

ICT 적합성평가업무는 시험업무와 인증업무로 구분할 수 있다. 이 중 시험업무는 민간에 위탁되어 2016년 현재 44개 지정시험기관이 수행하고 있으나 적합성인증업무는 정부기관인 국립전파연구원(RRA)이 독점적으로 수행하고 있다. 정부가 독점적으로 적합성인증업무를 수행하는 건 민간의 전문성 부족 때문이라 할 수 있다.

ICT 분야에 적용되고 있는 적합성평가업무의 담당기관을 살펴보면, 다음과 같다. 일반적으로 방송통신기기에는 여러 개의 표준이 적용되고 있으며, 이 중 일부는 기술기준(강제표준), 일부는 민간 임의표준이다. 우리나라에서는 TTA 등 비정부기관이 이미 실질적(de facto) 강제표준인 블루투스, IPv6, LAN, 무선랜, 유럽GSM, LTE 등에 대해 시험과 인증업무를 수행하고 있다. 우리나라 지정시험기관의 규모 역시 지난 10여 년간 크게 성장하였다.

국립전파연구원에 따르면, 미인증 방송통신기자재 등의 혼·간섭과 전자파로 인한 피해 사례는 최근 10년간 총 8건이 발생하였으나 2011년 12월 '전자파적합성 평가를 받지 않은 옥외 전광판 기기에서 발생되는 불요파'에 의한 사례 이후, 보고된 사례가 없었다.

결론적으로 ICT 기기 관련 기술기준에 대한 시험과 인증을 수행하는 민간기관의 규모나 기술력을 종합해볼 때, 민간기관이 ICT 적합인증업무를 적정하게 수행할 수 있을 수준에 도달하였다고 판단된다. 아울러, 미인증 ICT 기기에 의한 사건 사례가 지난 5년간 보고되고 있지 않은 점을 고려할 때, 안전성도 이미 확보되어 있다. 따라서 현행 제도의 엄격성을 다소 완화하여 일부 기술기준을 민간 임의표준으로 전환하거나 SDoC 해당 품목을 확대할 수 있다.

≫ 기술기준의 제·개정과 폐지는 정부가 수행해야

정부의 모든 업무나 활동이 민간화 대상은 아니다. 통상적으로 정책결정

업무보다 정책이나 사업의 집행업무 중 서비스 전달이나 공익성보다 능률성이 요구되는 단순한 업무가 적정하다. 또한 준공공재의 경우, 이들을 완전히 민간화하는 방법도 있다. 그러나 정부가 이들의 공급에 대한 기준과 원칙과 방법 등을 결정하고 이에 맞춰 계약한 민간이 공공서비스를 제공하는 경우가 많다.

이러한 민간화의 틀에서 ICT 기기를 조명하면, 순수 공공재에 가까운 기술기준의 제·개정과 폐지 업무는 정부가 지속적으로 수행하여야 한다. 반면 적합성평가업무는 준공공재이거나 가치재로 보아야 하므로 민간화 대상이 될 수 있으며, 실제로 이미 많은 국가에서 민간화로 전환하고 있다.

기술기준과 적합성평가서비스의 민간화 방안은 매우 다양할 수 있다. 그러나 1983년 Hatry가 제시한 모형을 토대로 민간화 대상과 정도에 따라 〈표1〉과 같이 4개 유형으로 구분할 수 있다.

〈표1〉 민간화의 유형

분류		정도	
		완전	부분
대상	사무	민간 이양	민간 위탁
	재산	민유화	민영화

공공사무의 민간화란 공공사무를 민간에게 이관하는 것으로, 다시 민간이양과 민간위탁으로 나누어진다. 민간이양이란 정부 활동에서 사무나 일에 해당하는 것을 민간에게 맡겨 권한과 책임, 재정부담 모두를 책임지게 하는 것이다. 일본의 전자파규제를 민간 임의표준으로 전환한 게 대표적인 사례이다.

이와 달리 민간위탁이란 정부가 제공하던 서비스를 민간이 대신 실행하고, 정부는 재정적 부담이나 최종 책임만을 지게 되는 형태이다. 예컨대 민간인증기관 지정을 통한 인증업무의 민간위탁 등이 여기에 해당한다.

정부재산의 민간화는 국·공유재산과 공기업의 민영화를 포함한다. 민영화는 넓게 정부재산의 민간화를 포함하기도 하나, 여기서는 좁은 의미의 민영화를 말한다. 재산의 민유화는 재산소유의 주체가 국가나 공공단체에서 개인으로 전환되는 것을 의미한다. 민영화란 재산의 위탁관리를 의미하는 것으로, 국가나 지방자치단체가 재산을 소유하되 재산의 운영과 관리만 민간에게 맡기고 정부는 사용자에게 임대료나 사용료를 받는 것이다.

우리나라의 기술기준과 적합성평가서비스를 민간에서 제공하기 위해서는 먼저 민간이양과 민간위탁이 이루어지고, 그 다음에 정부가 소유하고 있는 재산 중 불필요하게 된 부분을 민간에게 매각하거나, 민간에게 임대하여 사용하는 방안이 가능할 것으로 보인다.

≫ 민간화 수준이 높은 나라 일본, EU, 미국, 한국 순

ICT 분야의 기술기준과 적합성평가시스템에 대한 규제는 우리나라와 '미국', 'EU'와 '일본'이 모두 다르다. 우리나라의 경우를 기초로 하여 '방송통신'의 단말장치 기술기준, '무선설비' 관련 기술기준, '전자파 적합성' 관련 기술기준, 인체안전 관련 기준(SAR) 등에 대한 각 나라별 기술기준을 비교해보면 한국과 EU는 민간화 수준이 낮고, 일본이 가장 높으며 미국은 그 중간이다.

주요 선진국들은 국제기구(ISO/IEC/ITU)에서 제시한 표준을 국가표준으로 도입하여 운영하고 있으나, 국가마다 법적(de jure) 강제규제(기술기준)

의 범위가 동일하지는 않다. 예를 들어, 전자파적합성의 범위가 큰 나라는 한국과 EU이며, 미국은 부분적으로 EMI 만을 법적으로 강제하고 있다. 또한 일본은 전자파적합성을 민간으로 이양하여 더 이상 정부의 규제대상이 아니다.

해당 기기가 기술기준에 부합하는지 여부를 판단하는 주체가 누구인가 의미하는 '적합성평가주체'도 중요하다. 현재 활용되고 있는 적합성평가방식은 평가주체에 따라 제3자에 의한 평가방식과 제1자에 의한 방식으로 나뉜다. 제1자에 의한 방식도 지정 혹은 인정시험기관에서의 성적서 만을 요구하거나 지정이나 인정받지 않은 시험기관의 성적서도 인정하는지 여부에 따라 다시 나뉜다.

민간화의 관점에서 보자면 인증(certification)은 시험과 인증을 분리하고, 최종적으로 제3자에 의한 평가를 요구하여, 공급자 스스로 성적서를 평가하는 SDoC 방식보다 엄격한 평가과정을 거쳐야 한다는 점에서 민간화 수준이 낮다고 볼 수 있다. 반면 SDoC(Suppler's Declaration of Conformity)는 자체 시험성적서도 인정하는 경우로, 이는 지정·인정 시험-인증기관으로부터의 성적서만을 인정하는 DoC(Declaration of Conformity)보다 민간화의 수준이 높다고 볼 수 있다. 적합성평가에서는 동일한 기능이 내재된 방송통신기기라도 국가별로 각기 다른 방식으로 요구하고 있다. 예를 들면, 일본의 경우 ISM 기기는 대부분 SDoC를 요구하고 있으나, 미국은 DoC나 증명(verification)을 요구하고 있다.

'인증기관의 특징'도 중요한 기준이다. 인증기관이 정부기관인지 민간기관인가에 대한 여부와 민간기관일지라도 국제시험소인정기구(ILAC)에 가입된 인정기구로부터 국제적 규범(ISO/IEC 17065)에 따른 인정을 받고 난 후

가능한지, 아니면 정부의 지정을 추가로 받아야 하는지 등에 따라 나뉜다.

그리고 EU 역내에서 운용되고 있는 통지된 기관처럼 EU 위원회와 회원 국가에게 통보한 후 인증업무를 수행할 수 있는지 여부도 중요하다. 민간화 수준의 관점에서 보면, 인정기구의 인정만으로 인증업무가 가능한 경우가 민간화의 수준이 높으며, 정부가 직접 인증업무를 수행하는 경우는 민간화 수준이 가장 낮다.

민간인증기관이 사후관리에 참여할 수 있는지 여부로 판단하는 '민간인증기관의 사후관리에의 참여'도 주요 기준이다. 일본, EU 등에서는 이해충돌을 근거로 민간기관은 자신이 시험-인증한 제품에 대한 사후관리에 참여하지 못하게 한다. 반면, 미국은 TCB도 자신이 인증한 제품에 대하여 사후관리하도록 요구하고 있다. 미국과 같이 사후관리에도 민간기관을 참여시

〈표2〉 세계 주요 선진국가의 민간화 상황 비교 분석

분 류	법적강제 범위	평가주체	인증기관	사후관리	통제장치
한국	유선, 무선, EMC 모두 법정강제	SDoC와 인증을 기능별로 요구	국가기관인 국립전파연구원이 단독으로 수행	정부기관이 단독으로 수행	정부가 인증업무를 수행해서 별도 제도가 불필요
미국	유선, 무선, EMI는 법정강제이나 EMS는 민간임의	SDoC와 인증을 기능별로 요구	국내외에 존재하는 민간 인증기관(TCB)이 인증업무 수행	인증기관과 함께 수행	인증과정에 정부가 개입할 수 있는 PbA나 TCB exclusion 제도 운용
EU	유선, 무선, EMC 모두 법정강제	SDoC제도를 전면적으로 운용	엄격한 의미에서 인증기관이 부재하나, CoC※를 발행하는 NB가 존재함	인증기관 사후관리에 참여 제한	특별한 통제장치 부재
일본	유선, 무선은 법정강제이나 EMC는 민간임의임	SDoC와 인증을 기능별로 요구	다양한 유형의 민간 인증기관이 운영되고 있음	인증기관 사후관리에 참여 제한	특별한 통제장치 부재

※ CoC: Certification of Conformity의 약자

키는 경우가 민간화의 수준이 높다.

마지막으로 인증업무가 민간으로 위탁되었을지라도, 정부가 적합성평가 과정에 참여할 수 있는 제도적 장치를 가지고 있는지 여부에 따라 '인증과정에의 정부개입'도 달라진다. 미국 정부처럼 적합성평가 과정에의 개입장치(PbA와 TCB exclusion)가 많은 국가일수록 민간화 수준이 낮다.

이런 기준에 따라 우리나라와 주요 선진국들의 민간화 상황을 비교·분석하여 종합하면 〈표2〉와 같으며 도표내용을 다시 방사형 차트(radar chart) 분석기법을 활용하여 정리하면 〈그림1〉과 같다.

〈그림1〉 방사형 차트(Radar Chart)분석기법을 활용한 국가간 민간화 수준비교

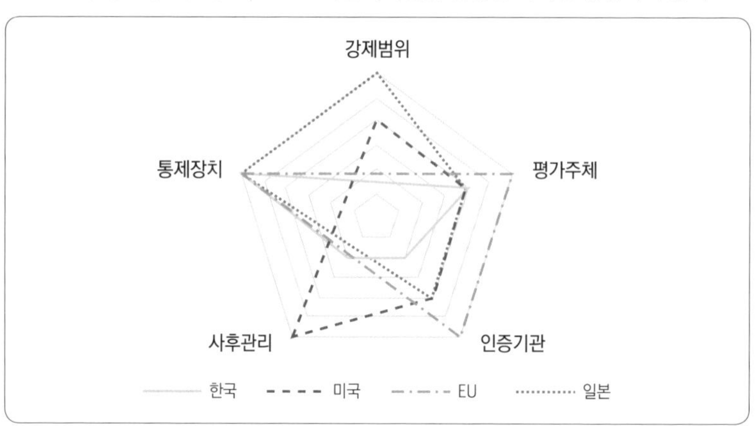

방사형 차트분석 결과에 따르면 민간화 수준이 가장 높은 나라는 일본이며 EU, 미국, 한국이 뒤를 잇는다. 일본이 가장 높게 나타난 것은 소비자가 자국 기업에 대하여 높은 신뢰를 가지고 있어 정부가 규제를 완화할 수 있었기 때문이다.

≫ EMC를 임의 등록 관리제도로 전환해야 한다는 의견 많아

우리나라 방송통신기기 기술기준과 적합성평가절차의 민간화를 통한 혁신방향을 위하여 이해관계자를 대상으로 수행한 설문조사 결과는 다음과 같다.

먼저 우리나라도 일본처럼 EMC를 민간 임의표준으로 전환하는 방안에 대해 "일본처럼 EMC가 임의 등록 관리제도로 전환해야 한다"고 보는 응답자는 전체 응답자(173명) 중 106명(61.2%)을 차지하고 있으며, 이 중에서도 30명(17.3%)에 해당하는 응답자는 시급히 전환해야 한다고 보고 있다. 반면에 현행 제도 유지는 46명(26.6%)이 찬성하고 있으며, 더욱 강화시켜야 한다는 응답자도 21명(12.1%)이었다.

종합하자면, 설문 응답자의 절대 다수(61.2%)는 시급하게 혹은 늦어도 5년 전후로는 EMC를 민간 임의표준 분야로 전환하여야 한다는 의견을 표명하였다. 시험기관 종사자과 제조업체 종사자의 전환에 대한 '긍정적 의견'은 통계학적으로 동일했다. 그러나 '현행보다 강화'에 대한 의견은 시험업체가 20%에 육박하는데 반해 제조업체는 전혀 없었다. 이는 제조업체는 신속한 제품의 출시를 선호하는 반면에 시험기관은 시험물량 감소에 대한 우려를 간접적으로 나타냈기 때문으로 풀이된다.

적합등록 대상 품목의 확대 또는 축소에 대해서는 "방송통신기자재 적합성평가제도에서 적합등록 해당 제품의 범위를 확대하는 게 바람직하다"는 의견이 98명(56.6%)이며, '축소'시켜야 한다는 의견은 34명(19.7%)에 불과했다.

특히 "전 품목으로 확대할 필요가 있다"고 보는 응답자가 54명(31.2%)에 달하였다. 결론적으로 응답자의 절대 다수가 적합등록 대상 품목을 확대시키는 것이 적절하다는 의견을 가지고 있으며, 현행 적합인증 제품의 상당수가 실질적으로는 엄격한 규제가 필요하지 않은 제품으로 간주하고 있음을 확인할 수 있다.

적합등록 제품군이 대폭 증가하거나 전 품목으로 확대되면, 이의 첫 번째 수혜자는 제조업체일 것으로 추정된다. 제조업체 입장에서는 제품의 수명주기가 감소하는 현재 추세에서 자신의 신제품을 신속하게 시장에 진입시킬 수 있다면, 이는 곧 업체의 경쟁력으로 이어질 것이며 이에 따라 증가된 이익을 기대할 수 있다. 그러나 본 연구에서 제조업체를 대상으로 한 설문결과는 '현행 유지'가 20명(43.5%)으로 가장 높았으며, 그 다음으로는 '일부 품목 축소' 13명(28.3%), '대폭 확대' 8명(17.4%), '대폭 축소' 3명(6.5%), '전 품목 확대' 2명(4.3%)으로 다양한 의견이 표출되어 설문 전의 추정과는 상이하였다. 응답자 인터뷰에 따르면, 이러한 상이한 결과가 나타난 이유는 제품에 대한 인증(규제)의 엄격성이 낮추어질 경우 '중국에서 수입되는 부적합 제품이 더욱 용이하게 시장에 진입할 것에 대한 우려'가 존재하기 때문이라고 한다.

시험기관은 적합등록 제품군이 대폭 증가하거나, 전 품목으로 확대하더라도 잠재적 피해자로 분류할 수는 없다. 왜냐하면, 시험기관은 적합등록 제품군의 확대에 따라 이들의 시험업무량이 감소하는 것이 아니기 때문이다. 오히려 시험기관이 생산한 시험성적서가 제품의 적합여부를 판단하는 최종적 근거가 되므로 이들 기관의 재량권이 오히려 증가할 것으로 기대된다. 실제로 이들 기관에 속한 응답자들은 '전 품목 확대' 41명(44.6%), '대폭 확대' 27명(29.3%)으로 응답자의 약 3/4이 품목 확대에 대해 긍정적인 의견을 내보였다.

종합하면, '적합등록의 확대'에 관하여 시험기관은 재량권의 실질적 확대 기회로 간주하고 긍정적으로 보고 있으며, 제조업체에서는 일부 해외 부적합 제품의 용이한 국내시장 유입을 우려하며 부정적으로 보고 있었다. 실제로 교차분석의 결과, 이들 두 기관에 속한 응답자의 의견이 통계학적으로 유의미하게 상이하였다. 즉, 시험기관 종사자가 적합등록의 확대에 대한 찬성률이 상대적으로 높았고, 제조업체 종사자가 부정적이었다.

정부가 수행하고 있는 방송통신기자재 KC 마크 인증업무에 대해선 절대다수의 응답자 116명(67.1%)이 "민간기관으로 이양이 적절하다"고 판단하고 있다. 그러나 민간위탁에 부정적인 의견을 가지고 있는 응답자도 51명(29.5%)에 달하였다. 우리나라의 현재 상황을 고려하면, 인증업무를 민간으로 이양하는 것에 대해서는 집단 간 이해관계가 상이하고, 이해관계 집단 내 의견의 차이가 존재하기 때문으로 판단한다. 예를 들면, 제조업체는 인증기관에 대한 선택권과 인증의 신속성에 중점을 두면 찬성할 것이고, 인증비용에 관심이 있으면 부정적인 의견을 나타낼 것이다. 아울러, 대기업의 경우에는 인증기관의 선택권과 인증처리의 신속성에 관심을 둘 것이어서 찬성 성향이 높을 것이고, 소량 다품종을 수입하여 판매하는 유통업체는 인증비용에 더 많은 관심을 가져 반대 성향이 높을 것이다.

지정시험기관의 경우에도, 적합성평가 시장의 확대에도 불구하고 이들의 의견은 양분될 수 있다. 설문조사 결과도 시험기관의 의견이 찬성 64명(69.6%)이었으며, 반대도 26명(28.3%)으로 나타났다. 왜냐하면, 인증업무를 위탁받을 수 있을 것이라고 보는 시험기관은 제조업체 등 시험의뢰자가 시험과 인증을 동시에 받을 수 있는 기관으로 집중될 가능성이 높으므로 시장 점유율을 확대할 수 있는 기회로 여겨 찬성의견을 제시할 것이고, 반대로 그렇지 못한 기관은 부정적으로 대답할 가능성이 높다. 설문 응답자를 대상으로 대면 인터뷰한 결과도 이러한 추정을 뒷받침하고 있었다.

≫ 민간화(EMC)에 대한 정책수요자의 수용성은 상반돼

정책수요자의 대안별 선호도를 조사한 결과 이해관계에 따라 각기 다른 의견이 표출되었다. 이에 중립적 위치에 있는 전문가 6인을 대상으로 심층 인터뷰를 실시하여 정책결정에 참조할 수 있는 모형을 제시하고자 했다. 그 의견을 종합하면 〈표3〉과 같다.

〈표3〉 민간화 정책유형별 이해관계자의 정책수용성과 갈등수준

	수용성		정책수요자간 갈등수준
	제조업체	적합성평가기관	
민간화(EMC)	높 음	낮 음	높 음
인증업무 민간위탁	높 음	높 음	없 음
적합등록(SDoC)확대	높 음	보 통	낮 음

〈표3〉에서와 같이 민간화(EMC)에 대한 정책수요자의 수용성은 상반되고 있다. 민간화가 이루어질 경우 제조업체들은 법적으로 준수해야 하는 기술기준이 아니어서 경비가 절감될 수 있으나 적합성평가기관은 매출이 감소하게 될 개연성이 있기 때문이다. 따라서 민간화 정책이 채택되면, 이들 간의 갈등 수준이 높을 수 있다.

인증업무가 민간으로 위탁되는 방안에 대해서는 정책수요자 모두 찬성할 것이다. 따라서 정책수요자 간의 갈등도 없을 것으로 예견된다. 적합등록

확대에 대해서는 제조업체는 찬성이고, 적합성평가기관도 수동적으로 수용할 것이다. 따라서 정책수요자 간의 갈등도 적을 것이다. 따라서 순응도와 갈등수준을 고려하면, 인증업무 민간위탁을 가장 우선적으로 실시할 수 있는 대안이라고 판단한다.

세 개의 민간화 정책의 관계성을 살펴보면, 민간화 정책이 채택될 경우에는 향후 민간위탁이나 SDoC 확대는 불필요하다. 민간화가 진행된 이후에는 더 이상 국가의 업무가 아니기 때문이다. 또한 SDoC 정책이 채택되면 인증업무 민간위탁이 불필요하다. 왜냐하면, 인증 자체가 불필요해지기 때문이다. 이러한 업무 간의 관계성과 안정적인 수용성 등을 종합적으로 고려하면, 우선적으로 인증업무의 민간위탁부터 실시하는 것이 '기술기준과 적합성평가시스템' 혁신의 실질적인 방안이라고 판단된다. 아울러 SDoC 품목도 점증적으로 증가시켜 EU 등 교역상대국의 요구도 수용하는 것이 바람직하다.

≫ 인증업무부터 민간에 위탁하고 SDoC 품목 증가시켜야

ICT가 빠르게 발전하면서, 제품의 수명주기도 단축되고 있다. 이에 따라 기술기준과 적합성평가절차도 유연하게 변화하여야 한다. 그러나 일부 국가는 이를 자국 산업 보호방안으로 활용하여, 교역 상대국으로부터 견제를 받기도 한다. 예컨대 2016년 초에 중국이 발표한 표준화법 개정방안은 자국 산업을 보호하려는 의도가 나타나, 우리나라와 미국 등 여러 국가가 공조하여 이의를 제기하였다.

또한 일부 국가는 ICT 분야에서의 TBT를 제거하기 위한 MRA 체결을 강력히 촉구하고 있다. 미국은 시험성적서의 유효성에 관한 법률(ET

Docket 13-44 RM 1165)을 제정하여 MRA를 체결하지 않은 국가의 시험기관에서 작성된 시험성적서를 2017년 7월 15일부터는 인정하지 않기로 하였다. 이에 따라 말레시아 등 여러 국가가 미국과 MRA 체결을 서두르고 있다.

위에서 언급한 대로 ICT 제품의 기술기준과 적합성평가시스템과 관련된 정책이 국제 통상정책의 한 부분으로 변화하고 있다. 또한, 국내적으로는 제조의 한 부분으로 보았던 적합성평가를 독립된 시장으로 보고 양성하자는 주장이 대두되고 있다. 이러한 국제 동향의 급격한 변화 그리고 국내 시장의 확장 정책 요청에 대한 대응방안으로서 민간화 정책개발에 관심을 가질 필요가 있다.

이런 논의들을 종합해서 요약한 결론은 다음과 같다. 첫째, 주요 선진국간의 민간화 비교조사 결과 일본이 민간화 달성 수준이 가장 높았고, EU, 미국이 뒤를 이었다. 우리나라의 민간화 수준은 조사 대상 중 가장 낮았다. 둘째, 정부실패와 민간성장론의 관점에서 우리나라 상황을 파악해본 결과 민간부분이 충분히 성숙한 단계에 이른 것으로 추정된다. 셋째, 설문대상자는 적용 가능한 모든 정책대안을 긍정적으로 수용하고 있다. 넷째, 중립적 위치에 놓여 있는 전문가를 대상으로 심층 면접한 결과, 민간화의 첫 단계로 국립전파연구원(RRA)이 수행 중인 인증업무부터 민간에게 위탁하고 병행하여 SDoC 품목도 증가시키는 방안이 바람직하다.

다양한 유형의 국내외 자료를 분석한 결과, 민간화 정책에 따른 안전문제나 비용 상승 등도 우려할 수준으로 나타나지 않을 전망이다. 예컨대 EMC를 민간 임의표준으로 전환한 일본에서는 EMC 안전문제가 사회적 이슈가 된 적이 없다. 적합성평가업무를 민간에게 위탁한 미국에서도 시험·인증 비용의 상승은 민간화 초기에 잠시 나타났으나 장기적으로는 시장경쟁의 구도가 점차적으로 자리 잡으면서 안정되었다. 따라서 민간화 정책을 조기에 집행할 필요가 있다.

INSIGHT 05.

융합 R&D 표준개발, 민간이 주도하고 정부는 지원하자

글 | 황광선(한국과학기술기획평가원 인재정책실, kshwang@kistep.re.kr)

융합 R&D의 표준화는 일반 R&D의 표준화와 차이가 있다. 융합 R&D현장에서의 표준화 고민이 복합적이고 다양하다는 점이 그것이다. 융합 R&D에서는 융합기술 결과에 대한 예측가능성이 낮다. 이로 인해 R&D를 일정기간 수행해 기술의 경쟁력과 객관성을 확보한 다음, 기술의 표준화 업무를 진행하는 것이 일반적인 표준의 수순이다. 우리나라의 국가표준정책이 취해야 할 융합 R&D 부문 정책 방향성은 '민간 주도의 표준 리드'로 압축된다. 정부는 공공 부문에 대한 것은 정부 주도로 표준화를 진행하되 민간 부문에 대한 것은 최대한 민간 자율에 맡겨 자연스럽게 글로벌 표준을 선도하도록 환경을 조성해야 한다. 이렇듯, 국가표준정책에서 정부는 '조력자' 역할로 남아 정책효과의 극대화를 도모해야 할 것이다.

※ 이 글은 2016년 한국표준협회가 주관한 〈제4회 표준정책 마일스톤 연구 - R&D, 기술혁신, 그리고 표준〉의 지원을 받아 수행된 연구 논문 '융합 R&D 부문의 표준정책 이해 및 정책 방향성 고찰'을 칼럼 형태로 재작성한 것입니다. 참고문헌은 한국표준협회(www.ksa.or.kr)에서 확인할 수 있습니다.

융합 R&D 표준개발, 민간이 주도하고 정부는 지원하자

표준화(standardization) 활동은 단순화, 단일화·통일성, 호환성, 용어통일, 품질·성능 보증, 기술혁신 가속화, 상거래 장벽 제거 등을 목적으로 하는 활동이다. 표준의 목적이 과거 대량생산을 위한 호환성 확보에서 시장 선점·확대를 위한 국가·기업의 경영전략으로 변화하고 있는데 이는 표준이 산업 수출전략의 중심이 되고 있음을 뜻한다. 이에 각국 정부는 국제표준화 활동을 자국 산업기술의 국제적 확산과 세계시장 선점 전략의 일환으로 활용하고 있다. EU의 경우 전 세계의 표준과 기술기준을 유럽방식으로 일체화하고자 노력하고 상호인정협정을 통해 유럽식 적합성평가제도를 전파하려고 노력하고 있다. 일본은 산업경쟁력 강화를 위해 공업표준화법을 개정하였고, 중국은 표준화를 경제성장의 도구로 활용하여, 시장의 무기화가 가능한 분야를 중심으로 중국 자체 기술의 표준화에 노력하고 있다.

정부는 국가 R&D 투자의 효율성 향상과 국제표준 선점 효과 증대를 위한 전략적 접근이 필요하다는 인식을 가지고 있다. 국가 R&D와 표준을 연계할 수 있는 선순환구조 정립이 필요하고, 국가연구개발시스템과 표준화 시스템의 유기적 연계에 대한 정책적 노력이 활발하다. 국가 R&D, 특허와 표준 연계를 위해서는 R&D 기획단계부터 활용까지 전 주기적 관점에서의 정책적 지원체제 마련이 필요하다는 점은 2000년대 들어와, 지속적으로 제기되고 있는 이슈이다.

융합 R&D에서의 표준화에 대한 어려움은 표준화 활동이 이론적인 부문보다는 경험으로부터 나타나는 경우가 크므로 표준화 과정과 결과에 대한 예측 가능성을 낮추는 요인으로 작용한다는 점이다. 이러한 융합 R&D와 표준의 상황적 요소(예를 들면, 융합 분야의 기술 특성에 따른 차별적 표준화 고민)에 의한 낮은 예측가능성으로 인해, 기술의 경쟁력과 객관성(시장성)을 확보하기 위하여 R&D를 일정기간 수행한 다음, 필요한 경우 기술의 표준화 업무가 진행되는 것이 일반적인 R&D와 표준의 관계이다. 실제로 한 연구자는 "한참 표준화를 했더니 정작 그 기술 자체의 경쟁력이 없어져서 표준화 활동이 의미 없게 되는 경우가 있었다"고도 말했다.

일부 과학자들은 표준이 모든 R&D에 포함될 필요는 없는 것으로 보았고, 제품을 염두에 둔 경우 또는 인증을 고려하는 경우에만 표준에 대한 검토가 필요한 것으로 생각하고 있었다. 예를 들어, 한 출연(연) 과학자는 "제품개발을 염두에 두는 상용화 과제의 경우 표준화가 반드시 연계되어야만 제품 판매를 위한 판로확보 등이 가능하다"고 역설한다.

융합 R&D라고 할지라도 융합의 요소가 모두 다르기 때문에, 한 가지 틀로 융합기술 표준화 정책을 입안하는 것은 매우 위험하다고 볼 수 있다. 일반적으로 산업이나 생산 부문에서 표준화를 요구하게 마련인데, 이 경우에서도 융합의 표준화보다는 요소 기술에 대한 이해가 먼저라는 것이다. 한 연구자는 "정부에서 시행했던 R&D 프로그램에서 무조건 표준화 목표를 제시하라고 하는데, R&D 성공 가능성도 모르는 상황에서 도전적인 R&D를 수행하고 있는 연구주체에게 표준화까지 연계하라는 것은 무리한 요구"라고 밝히고 있다.

그렇다면 향후 국가표준정책의 효과적인 추진을 위해 융합 R&D 부문에서 표준정책의 방향성은 무엇인가? 그러한 표준화 방향성을 위해 정부의 역할과 융합 R&D 연구자들의 역할은 각각 무엇이고 어떻게 다른 것일까?

≫ 상용화 요구 강한 분야의 민간 주도 표준화 이뤄져야

융합 R&D에서 표준에 대한 고민은 주로 이론보다는 경험에서 나온다는 점에서 예측이 어렵고 복잡하다. 따라서 일반 R&D와 같이 모든 기술 분야에서 표준을 고민하는 것은 비효율적이라는 것이 보편적 견해이다. 이는 융합 연구 부문에서의 표준화를 위해선 융합에 포함되는 각 요소 기술의 이해가 중요하다는 점을 알려준다. 융합 R&D 부문에서 과학자들이 인식하는 국가표준정책의 방향성은 크게 두 가지로 정리된다. '시장(산업) 중심의 표준 이슈 제기'와 '공공과 민간 표준화에 대한 적정선'의 문제이다.

먼저 표준에 대한 필요성은 시장(산업)에 의해서 제기되며, 기업체의 수요에 의해 과학자와 정부가 이슈를 제기하는 형태가 있다. 과학자들에 의해 표준화 필요성이 제기되는 사례는 거의 없는 것으로 나타난다. 선도적이거나 신산업 분야의 경우, 정부에 의해 이슈가 제기되고 시장이 반응하는 경우도 있다.

일부 과학자들은 국가표준정책에서 정부의 과욕으로 인해 긍정적 효과보다는 부정적 효과가 크다는 공통된 지적을 한다. 예를 들어 정부의 표준화 사업의 수요제안이 대부분 대학과 출연(연)의 연구자들에 의해 '표준을 위한 표준'으로 기획되고 추진되고 있다는 지적이다. 이는 재정, 인력, 시간 측면에서 낭비라는 것이다. 기업의 수요를 받아 이에 맞는 실용적인 표준이 되도록 정부의 표준화 정책이 혁신될 필요가 있다.

물론 경우에 따라서 표준 필요성에 대한 이슈 제기는 과학자가 주도할 수도 있고 정부가 주도할 수도 있으며 시장이 주도할 수도 있다. 그러나 정부에 의한 표준 이슈화가 문제되는 경우는, 정부가 지나치게 앞서서 표준화에 대한 공론화를 이끌어가는 경우이다. 연구자들은 일정 부분 시장이 성숙된 후에 표준에 대한 논의가 진행되는 것이 바람직하다고 주장한다. 이는 앞서 융합 R&D와 일반 R&D에서의 표준화에 대한 고민의 차이에서도 확인된 바 있다. 한 출연(연) 연구자는 "구체적인 사례가 와이브로(Wibro)가 아닌가 생각한다. 과학자의 아집과 정치적인 의사결정이 시장이 주도하는 표준을 넘지 못한 사례"라면서 시장의 주도성과 시장에 의한 타이밍이 얼마나 중요한지 설명하고 있다.

최근에 수립된 「제4차 국가표준기본계획(2016~2020)」의 추진방향 중, '민간 주도의 표준체계 구현'이 하나의 방향성으로 설정되어 있다. 구호가 아닌, 실질적인 변화가 필요한 시점으로 보인다. 한 연구자는 비록 정부의 주도성이 사그라지지는 않지만, 점점 민간 주도의 표준정책으로 변화하고 있다고 주장하고 있다. 민간 중심의 표준 이슈제기에 대한 변화는 거스를 수 없는 흐름이면서도, 이러한 변화가 자연스럽게 민간으로 넘어가지는 않을 것으로 내다보는 소수의 의견도 있다. 민간은 필요한 경우에만 표준에 대한 적극성을 띠기 때문이라는 것이다. 때문에 산업 활성화에 필요한 표준정책은 적절한 시기에 우선 국가와 공공기관의 발의가 필요하고 이와 관련된 민간 기업의 적극적 동참을 유도하는 흐름이 쇠퇴하지는 않을 것이라는 것이다.

그렇다면 공공과 민간 표준화 간의 적정선은 어디일까? 공공과 민간을 넘나드는 표준정책의 특성상, 적정선이 뚜렷하지는 않다. 그러나 대략 두 가지 입장으로 나뉘어져 있다. 하나는 공공 부문과 민간 부문이 표준화 활동 방식에 차이점이 있음에도 시장논리에 의해 두 표준화 활동이 통일되어야 한다는 의견이다. 다른 하나는 정부정책의 경우에 수행방법을 민간 부분과 다르게 하고 공공적인 성격을 우선적으로 고려해야 한다는 의견이다. 경제성 위주의 표준과 공공기술의 필요성에 의한 표준은 다르다는 생각 때문이다. 두 의견 모두 표준정책과 표준화 활동에서 공공과 민간의 어우러짐을 인정해야 한다고 보고 있다. 그런 면에서 공공과 민간 표준화에 대한 적정선을 고민하는 것이 필요하다.

즉 공공성이 강한 분야는 정부 주도로, 상용화와 실용화에 대한 강한 요구가 있는 분야는 민간 주도로 표준화 정책이 자연스럽게 이루어져야 함을 융합 R&D 과학자들은 주장하고 있다. 요컨대 국가표준화정책은 정부가 선도기술과 국가산업의 자양분이 될 수 있는 분야(선도기술, 미래기술)를 지속적으로 민간에 제안·확인해주고, 민간은 검증하고 수용하는 방향의 체계적 시스템이 필요한 것으로 보인다. 따라서 정부는 공공부문에 대해선 정부 주도의 표준화를 진행하고 민간 부문에 대해선 최대한 민간 자율에 맡겨 자연스럽게 글로벌 표준을 선도하도록 환경을 조성해야 할 것이다.

≫ 표준정책 의사결정에 민간 전문가 참여 확대 시급

국가표준정책에서 대학과 출연(연) 연구자들이 생각하는 정부의 역할은 범위가 크지 않다. 대다수의 연구자들이 정부는 표준화 작업에 주도적으로 참여하는 것이 아니라 공공적 측면에서의 위해성 등의 관점에서만 의견을 제시하길 원한다. 즉 민간에서 자율적으로 진행하는 것이 바람직하다고 생각한다. 신산업 또는 선도 산업 분야에서는 기술들을 지정해서 표준의 공론화를 이끄는 것도 필요하지만 이 역시 최소화로 묶어져야 한다고 주장한다. 정부가 기술의 발전방향을 예측하고 규제한다는 것은 새로운 기술의 탄생과 발전에 상당한 저해가 된다는 것이 연구자들의 공통된 식견이다. 융합 R&D 같이 기술예측이 매우 어려운 분야에서는 더욱 그렇다.

정부의 역할은 '엄정한 관찰자', '방관', '기업지원' 등의 단어로 구성될 수 있겠다. 즉 최소한의 공공성만을 담보하는 것이 정부의 역할이라는 주장이다. 정부가 국가표준정책을 수행하면서 지켜낼 수 있는 최소한의 공공성은 어떤 것이 있을까? 예를 들어 표준화 정책에 의견을 개진하는 '공정한 전문가 선정'이 있다. 표준정책 의사결정 거버넌스에 공정한 전문가를 선정하는 일, 다양한 주체를 거버넌스 안으로 참여시키는 일, 기업의 의견을 수렴하는 일 등이 포함된다. 한 과학자는 표준정책을 정할 때 참여 전문가들이 제한되어 있어 정책 방향을 잘 정하지 못하는 것 같다는 의견을 말하기도 했다. 그만큼 의사결정에 참여하는 전문가를 잘 선정하는 것이 중요하다는 것이다.

과학자들은 주요 거버넌스 체계인 표준화 운영위원회를 구성하는 데 있어, 책임 있는 변화가 필요하다고 역설한다.

"공신력 있고 체계화되어 있는 표준화 운영위를 구성하고 기초부터 표준화를 잘 정립할 수 있는 초안을 마련하고 기존의 정책에 보다 급변하는 기술추이와 시장추이를 반영하는 원칙을 무너뜨리지 않는 방향을 리드할 필요가 있다. 이에 전문가들의 발언 녹취 등 항상 책임지고 진솔한 방향으로 제안하는 제도를 유도해야 하며 선도기술, 미래기술의 표준화를 만들기 위한 기술표준 과제 등도 대폭 넓힐 필요가 있다고 생각한다.”

또한, 표준정책 거버넌스에서 민간 주도 역할이 매우 중요하게 여겨지고 있다. 한 대학 연구자는 산업 환경이 급변하고, 산업적 확장성을 가진 융합 기술은 민간을 통해 스스로 표준을 만들어감과 동시에 이를 뛰어넘기 때문에 특별히 국가가 나서서 표준정책을 주도할 필요가 없다고 역설한다. 또 다른 출연(연)의 R&D 경험이 많은 연구자는 연구자 수준에서 표준에 관여하기가 쉽지 않다고 주장한다. 특히 기업이 표준을 주도하는 성향이 강한 기술 분야나, 시장 위주의 표준 구도가 확립된 분야에서는 정부나 공공기관 과학자가 섣불리 표준화 노력을 하게 되면 불필요한 국가 연구자원이 낭비될 수 있으므로 신중한 검토가 필요하다는 지적이다.

민간 주도의 표준화 역할을 강화하기 위한 방안으로는 표준정책 의사결정에 ‘민간 전문가의 참여 확대’가 시급하다. 기업 전문가의 참여 확대를 통해 실질적이며 경쟁력 있는 표준화 활동이 가능하다고 전문가들은 입을 모은다. 한 과학자는 국제표준화 회의에 참석해보면 일본에서는 기업 전문가들이 많이 참여하고 있는 반면 우리는 공무원 일색이라고 한다. 일부 과학자들은 구체적인 예로, 퇴직한 공무원 등의 국내표준전문위원회 활동을 배제하여야 한다고 주장한다. 전직 공무원 등이 많은 발언과 결정에 참여하게 되면 민간에서 참여한 전문가들의 자유로운 의견교환을 막게 되고, 대학과 연구소의 연구자들 또한 전직 공무원의 눈치를 보는 사태가 발생해 의미 있고 실질적인 표준화 활동에 방해가 된다는 지적이다. 이는 시장과 기업 수요에 맞는 표준화 활동이 어려워짐을 의미한다.

융합 R&D 연구자들의 표준에 대한 고민은 선도적이지 않다. 그 이유는 일반 R&D와는 다르게 융합 R&D의 기술예측이 어렵고, 표준화에 대한 전략탐색이 쉽지 않아서이다. 또한 표준정책 이슈가 산업 중심으로 발현되는 추세로 인하여 대학과 출연(연)에 소속된 연구자들로서는 제약을 받을 수밖에 없다. 따라서 공공연구기관에 소속된 과학자들의 역할은 해당 기술 분야나 융합기술 분야에서의 기술적 특성에 대한 비전제시와 정보제공이라고 생각된다.

"융합연구자들의 역할은 각 기술이 융합되어 나오는 신개념의 제품·기술에 대한 상용화 가능성을 제시하고, 나아가야 할 기술의 비전을 달성하는 것으로 보인다. 또한 기술에 대하여 객관적인 정보를 제시해야 한다."

≫ 융합 R&D 표준정책에서의 정부 역할은 최소한의 공공성 확립

우리나라의 국가표준정책의 방향성은 '민간(시장) 주도의 표준 리드'라 할 수 있다. 그럼에도 상당수 과학자들은 민간 부문의 기술 개발과 표준화 역량이 강화됨에 따라 정부 표준화 정책의 관할권이나 재량권이 약화되었다고 생각하지 않는다. 아직 우리나라 표준정책 거버넌스에서 정부의 역할이 상당하다는 인식 때문이다. 따라서 정부는 공공 부문에 대한 것은 정부 주도의 표준화를 진행하고 민간 부문에 대한 것은 최대한 민간 자율에 맡겨 자연스럽게 글로벌 표준을 선도하도록 환경을 조성해주는 것이 필요하다.

국가표준정책에서 정부의 역할은 '관찰자'로 비유해볼 수 있다. 정부와 공공연구기관은 기업과 산업의 표준활동을 지원하고 환경을 조성해주는 '조력자'가 될 필요가 있다. 한 명의 융합 R&D 연구자가 다음과 같이 정부의 역할 제고에 의미 있는 메시지를 전달하고 있다.

"정부가 주도해서 무엇을 하겠다는 태도를 버리고 관찰을 통해 국가가 나설 분야인가, 언제 나서야 하는가 등을 신중하게 파악해야 한다. 국가는 안정을 추구하면서 동시에 혁신을 이루어 나가야 하는데 정부는 안정을 담당하는 곳이지 혁신을 담당하는 역할을 맡는 곳이 아니다. 정부가 혁신을 하겠다고 나서면 국가의 축이 무너진다."

또 다른 연구자도 다음과 같이 의미 있는 발언을 전하고 있다.

"융합산업을 이끌어가는 기업 전문가의 표준활동을 권장하는 표준정책이 우선 필요하며, 융합산업과 관련된 기업과 시장의 수요에 맞는 표준작업이 추진되도록 하여야 합니다. 그리고 연구소나 대학의 연구자들은 이에 참여하고 도와주는 형태가 적절하며, 산업부 국가기술표준원 등 정부는 중립적으로 이러한 표준화 활동이 실질적으로 잘 이루어질 수 있도록 뒤에서 도와주는 형태가 바람직하다."

융합 R&D 부문에서의 표준은 매우 복합적이다. 시장의 형성 가능성이 타진된 이후, 표준정책적인 개입이 필요한 이유이다. 바이오, 의료기기, 나노, 로봇, 지식서비스산업 등과 같은 신산업 분야의 표준은 일반 요구사항에 관한 표준과 안전성에 대한 표준이 동시에 개발됨에 따라 R&D의 초기에서부터 표준을 연계하여 연구할 필요가 있다. 하지만 융합 R&D는 서로 다른 기술 분야가 섞이는 것이므로 어떤 결과가 나올지 모르는 상황에서 표준화를 처음부터 고려하는 것은 적절치 않다. 또한 융합 R&D에서의 표준화 활동이 이론적인 부문보다는 경험으로부터 나타나는 경우가 크다는 점에서 표준화 과정과 결과에 대한 예측 가능성을 낮다는 점도 유의해야 한다.

한편 표준정책 거버넌스에서도 민간표준 전문가의 참여가 중요하다. 민간 전문가의 참여 제한은 우리나라 관료제 특성에서 기인하는 것도 있다. 이는 우리나라 표준정책이 국가산업 정책적 필요에 의해 도입되었고, 또한 국가 주도 표준화라는 성격이 표준정책 관료화를 강화시킨 측면이 있다. 그동안 선진국 추격 전략을 통해 우리나라는 일부 과학기술 분야에서 성공을 거두었다. 반도체, 휴대전화, 자동차, 철강 등의 분야에서 선진국 수준에 도달한 것이다. 그러나 이제는 우리 스스로 궤적을 형성하는 기술혁신 활동을 해야 할 단계로 접어들었다. 중국과 후발국과 차별화될 수 있는 우리만의 독자적인 기술혁신 활동이 필요한 시점에서, 탈추격의 R&D는 국가의 정책적 드라이브보다는 민간 전문가들의 참여에서 나와야 한다는 주장이 우세하다.

마지막으로 정부의 표준정책에서의 역할은 최소한의 공공성 확립이다. 공공성이 강한 분야는 정부 주도로, 상용화와 실용화에 대한 강한 요구가 있는 분야는 민간 주도로 표준화 정책이 자연스럽게 이루어져야 한다. 물론 글로벌 기술경쟁 심화로 자연스럽게 민간 주도의 표준으로 흐름이 변화할 것으로 보이지만, 융합기술 육성 측면에서 정부의 역할을 남겨두고 이를 민간의 니즈와 잘 매치하는 것이 중요할 것으로 보인다. 국가적으로 필요한 융합연구를 전략적으로 선도한다는 논리는 인정되지만, 정부 주도로만 어젠다가 정해지고 그에 대한 적절한 검토가 없는 기획은 문제가 될 수 있다.

장기적인 관점에서 과학기술 연구자들의 자발적인 융합연구와 표준활동에 대한 배려가 필요할 것으로 보인다. 한국과학기술단체총연합회에 따르면, 2013년 한국 R&D 생산성은 3.9%에 머물렀다. 표준협회는 이를 해결하기 위해 융복합·신성장 산업을 중심으로 기술표준 연계 플랫폼을 강화하는 방안을 제시한 바 있다. 정부의 플랫폼 역할과 민간의 자발적 혁신을 공조한다면 융합 R&D에서의 표준 활성화가 국가 산업의 생산성 제고에 기여할 수 있을 것이다.

Part 2

스마트 혁신을 창조하는 표준

INSIGHT 01.

기술혁신은 정말 표준을 촉진시키는가?

글 | **이희상**(성균관대학교 기술경영전문대학원, leehee@skku.edu)
김순천(성균관대학교 산업공학과, empairs@naver.com)
전예준(성균관대학교 기술경영학과, jyj757@naver.com)

산업표준제도가 도입된 지 50년이 넘는 동안 표준은 사회·경제적인 효율을 향상시키는 중요한 수단으로서 우리나라가 산업국가로 도약하는 데 초석이 되어왔다. 품질확보의 개념으로 출발한 표준제도는 국가와 기업들이 선점과 연구를 위해 사활을 걸고 있을 만큼 중요한 요소가 되었다. 표준과 표준화에 대한 연구가 국내외적으로 계속해서 진행되어 왔으나, 표준이 기술혁신에 미치는 영향에 대한 연구는 그 수가 적을 뿐더러 이론적 기반 또한 미흡한 실정이다. 특히, 표준이 기술혁신의 촉매제 역할을 하는지 또는 기술혁신을 저해하는지는 전통적으로 이견이 있는 영역이므로 이를 파헤치고 분석해보는 것은 충분히 가치 있는 일이다. 이번 연구에서는 표준화 활동과 특허 데이터에 기반한 정량적 연구를 통하여 표준과 기술혁신의 관계를 실증분석해 보았다.

※ 이 글은 2016년 한국표준협회가 주관한 〈제4회 표준정책 마일스톤 연구 - R&D, 기술혁신, 그리고 표준〉의 지원을 받아 수행된 연구 논문 '표준과 기술혁신의 관계에 관한 연구: 표준 제정·보유정보와 특허정보를 이용한 패널데이터 분석 및 정준상관 분석'을 칼럼 형태로 재작성한 것입니다. 참고문헌은 한국표준협회(www.ksa.or.kr)에서 확인할 수 있습니다.

기술혁신은 정말 표준을 촉진시키는가?

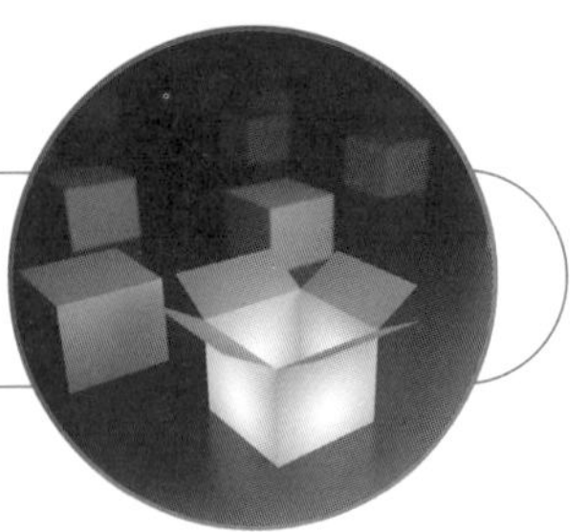

표준은 기술혁신을 촉진시키는 요소인가? 저해하는 요소인가? 과거에는 표준을 일종의 규제로 여기며 기술혁신에 부정적인 영향을 미친다고 보는 연구자들이 많았다. 이들의 주장에 따르면 표준은 규칙성과 안전성을 추구한다는 특성을 가지고 있으므로 역동적이고 혁명적인 특성을 갖는 기술혁신을 저해한다.

그와 반대로 표준이 과학기술 발전과 보조를 맞추면서 제정되므로 기업은 물론 산업 전체에서 표준 선점 노력이 기술혁신과 동반하여 진행된다는 주장도 있어 왔다. 이 견해는 최근 들어 더 많은 지지를 받고 있다. 이런 의견에 따르면 규제의 일종으로 보더라도 표준은 특정 분야의 기술혁신을 촉진시킨다. 특히 환경산업 분야를 필두로 하여 다양한 분야에서 정부의 관련 표준이 산업의 생산성을 높인다는 연구 결과가 최근 많이 나타나고 있다.

이처럼 세계적으로 표준과 기술혁신에 대한 관심이 높아지는 만큼 그 연구 수도 늘어나고 있고 연구의 트렌드도 다양화되고 있는 추세다. 그러나 표준화 활동과 기술혁신의 상관관계를 다양한 측면에서 설명하려는 시도가 증가하고 있음에도 불구하고, 아직 우리나라에서는 선진국에 비해 그 수가 부족하다. 또한 기존에 있었던 대부분의 국내 연구는 기업단위의 기술혁신 활동을 실무자에게 직접 문의하는 설문조사에 의존하고, 시간의 흐름에 따라 표준활동의 경향이 어떻게 변화하는지 등의 묘사적인 연구에 치우쳐 있다. 그러나 표준화 활동과 특허 데이터에 기반한 정량적 연구는 표준과 기술혁신의 관계를 실증분석할 수 있는 자료이다.

≫ 기술혁신의 측정변수로 특허출원수를 반영해 연구 수행

기술혁신과 관련된 많은 연구들이 기술혁신 수준을 가늠하는 척도로 특허나 R&D 활동지표를 참조한다. 특허의 궁극적인 목표는 기술의 확산이다. 때문에 특허는 단순히 발명활동의 지표가 아니라 기술혁신의 정도를 나타내는 척도로도 여겨져 왔다. 최근 연구들에 의해 표준은 연구방향, 연구개발, 기술혁신의 프레임워크를 생성하는 요소이고 표준이 특허의 효과적인 지렛대와 확산 메커니즘 역할을 할 수 있다는 주장이 제기되고 있다. 따라서 우리는 기술혁신의 측정변수로 특허출원수를 사용하고 표준과 표준화 활동이 기술혁신에 영향을 미친다는 사실을 입증하기 위한 연구를 수행하였다.

우리나라 표준에 관한 데이터는 e나라표준인증(standard.go.kr), 한국표준정보망(www.kssn.net), NDSL(www.ndsl.kr) 등에서 수집할 수 있다. 특허에 관한 데이터는 특허정보검색서비스(www.kipris.or.kr)를 통해 수집 가능하다. 특허와 표준화 활동 간의 관계를 파악하기 위해서는 서로 같은 분류체계를 사용할 필요가 있다. 즉, 특허는 국제특허분류(IPC), 표준은 한국산업표준(KS) 분류체계를 각각 따르므로 각 체계의 분류들을 매칭하는 작업이 필요하다. KS의 경우 기본(A) 부문부터 정보(X) 부문까지 총 21개의 대분류를 최상위분류로 하여 하위 분류단위로 세분화되고, IPC는 A섹션부터 H섹션까지 8개의 섹션을 최상위분류로 하여, 130개 클래스, 639개 서브클래스, 7,343개 메인그룹, 6만5,152개 서브그룹의 순으로 세분화된다(IPC 2016.01 version 기준).

이번 연구에서는 표준분류 체계인 KS 대분류를 기준으로 두 분류체계를 매칭하기로 결정하고, 세계지적재산권기구(WIPO)에서 발행하는 가이드라인과 한국표준정보망 홈페이지에서 제공하는 정보를 사용하여 매칭 초안을 마련한 후 전문가의 자문을 거쳐 〈표1〉과 같이 산업별 표준과 특허의 매

〈표1〉 표준과 특허의 분야별 데이터 매칭

표준 - 18개 대분류	특허 - 90개 클래스
기계-B	B01, B02, B04 B06, B07, B25, B26, B27, B30, D2, F01, F02, F03, F04, F15, F23, F24, F27, F41, G01, G07, G12
전기전자-C	F21, H01, H01, H02, H03, H04, H05
금속-D	A44, B21, B23, B24, C21, C22, C23, D21
광산-E	E21
건설-F	E01, E04
일용품-G	A45, A46, A47, B42, B43, B44, B68, C11, E06, G04, G10
식료품-H	A21, A22, A23, C05
환경-I	B09, C02, E03
섬유-K	A41, A42, A43, D01, D03, D04, D05, D06
요업-L	B28, C03, C04, C09
화학-M	B29, B31, B33, B41, C01, C07, C08, C10, C12, F42
의료-P	A61, A62
수송기계-R	B60, B62
서비스-S	G09
물류-T	B65, B67
조선-V	B63
항공우주-W	B64
정보-X	G03, G11

칭을 확정하였다. 여기서 표준의 분류체계인 KS 대분류 중 A-기본, J-생물, Q-품질경영의 경우는 현존하는 특정 산업과 대입시킬 수 있다고 보기 어렵기 때문에 연구대상에서 제외하였고, 특허의 분류체계인 IPC 클래스 또한 KS 대분류와 상응하지 않는다고 판단되는 40개 클래스를 데이터 매칭에서 제외하였다.

≫ 패널데이터를 이용한 회귀분석의 장점

이렇게 수집되어 정리된 2000년도부터 2012년도까지의 표준과 특허 데이터는 산업별 시간별 특징을 갖는 패널데이터이다. 통계학 분석에서 패널데이터란 시계열 정보와 횡단면(본 연구의 경우 산업별) 정보를 모두 이용할 수 있는 데이터를 말하고, 시계열 데이터와 횡단면 데이터만 갖는 경우보다 더 많은 정보를 제공하므로 유용한 데이터 형태로 여겨진다. 특히 인과관계를 분석할 때 패널데이터를 이용한 회귀분석은 시계열 데이터나 횡단면 데이터가 제공하는 정보를 무시하는 단순 회귀분석과 비교해 다양한 장점을 갖는다.

단순 회귀분석과 차별화되는 패널데이터 회귀분석의 특징을 보여줄 수 있는 예시로 체중과 운동능력의 상관관계를 측정 데이터를 통해 도출하는 다음 실험을 통해 이해할 수 있다. 실험데이터는 3명의 피험자가 3번의 서로 다른 시기에 측정한 100미터 달리기 기록으로 이뤄졌으며 그 결과가 〈표2〉와 같다고 가정하자.

측정 결과를 시점을 무시하고 횡단면적으로만 해석하면 체중이 평균 50kg 전후인 피험자 A는 15초대의 기록을 가지며, 체중이 각각 평균 60kg과 70kg 전후인 피험자 B, C는 14초대의 기록을 가지고 있다. 체중이 많을

〈표2〉 100미터 달리기 기록

	시점 1의 측정1		시점 2의 측정2		시점 3의 측정3	
	체중(kg)	기록(s)	체중(kg)	기록(s)	체중(kg)	기록(s)
피험자A	47	15.2	50	15.5	53	15.8
피험자B	57	14.1	60	14.5	63	14.7
피험자C	67	14.3	70	14.5	73	14.8

수록 기록이 좋다고 볼 수도 있으나, 피험자 B보다 체중이 많은 피험자 C의 기록이 더 나쁜 경우도 있으므로 정확한 해석이 아닐 수 있다. 반면에 시계열적으로만 이 데이터를 해석하면 각 피험자 모두 체중이 늘어날수록 기록이 나빠지므로 해당 실험결과의 해석은 체중이 증가할수록 기록이 나빠진다고 해석하는 것이 적합할 것이다. 즉, 각각의 분석이 상반된 해석을 가능하게 한다. 하지만 〈그림1〉의 그래프와 같이 위 실험 데이터의 패널분석 회귀분석 결과는 체중이 증가할수록 운동능력이 상승하는 것으로 나타난다.

〈그림1〉 체중-100미터 달리기 기록 실험결과 및 횡단면 회귀선 그래프

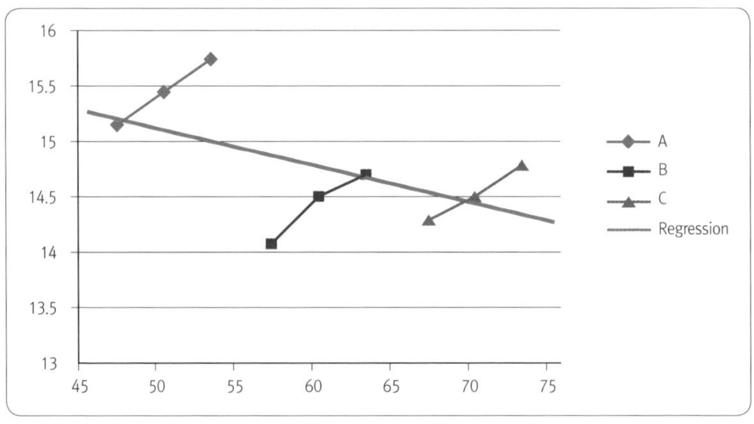

이 같은 단순 회귀분석의 상반된 결과는 개별적 특이성(individual heterogeneity)을 다룰 수 없는 단순 회귀분석의 한계에서 기인한다. 개인의 운동능력은 타고난 운동신경과 성별, 체형 등에 따라 다르기 마련인데, 단순 회귀분석에서는 이러한 개별특성효과(individual effect)를 고려하지 않는다.

패널데이터를 사용한 회귀분석은 이러한 개별특성효과와 시간특성효과(time effect)를 통제할 수 있을 뿐 아니라 다중공선성의 문제를 줄일 수 있고, 많은 자유도(degree of freedom)와 가변성(variability)를 제공하여 분석을 용이하게 해준다.

≫ 표준이 기술혁신에 미치는 영향 검증을 위한 패널모형

이 연구는 선행연구들의 결과를 바탕으로 다음과 같은 2개의 가설을 도출하고 이를 패널모형을 통해 검증하기로 하였다.

> 가설 1: 산업전반에 대하여 표준의 제정과 보유는 기술혁신 활동에 영향을 미칠 것이다
> 가설 2: 산업전반에 대하여 표준이 기술혁신활동에 미치는 영향은 일정한 시간지연을 두고 나타날 것이다

'가설 1'의 검증을 위하여 기술혁신활동의 측정변수인 산업 i의 연도 t의 특허출원수를 모형의 종속변수로 두고, 표준 제정수와 보유수를 독립변수로 둔 2개의 패널데이터를 사용하는 기본 선형회귀모형을 설정하였다. 이후 '가설 2'의 검증을 위해 표준 제정수의 t-1, t-2, t-3 시차변수를 모형에 독립변수를 추가했다. 그 뒤 모형의 설명력을 위하여 특허출원에 영향을 미친다고 생각되는 산업별 연매출액과 영업이익을 각 모형에 독립변수로 추

가하여 (식 1), (식 2)와 같은 최종 모형을 도출하였다.

$$PAT_{i,t} = \beta_1 ST_{i,t} + \beta_2 ST_{i,t-1} + \beta_3 ST_{i,t-2} + \beta_4 ST_{i,t-3} + \beta_5 SA_{i,t} + \beta_6 OP_{i,t} + \lambda_i + \nu_{i,t} \quad \text{(식 1)}$$

$$PAT_{i,t} = \beta_1 CST_{i,t} + \beta_2 SA_{i,t} + \beta_3 OP_{i,t} + \lambda_i + \nu_{i,t} \quad \text{(식 2)}$$

여기서 종속변수인 $PAT_{i,t}$은 특허출원수, 독립변수들인 $ST_{i,t}$는 표준 제정수, $CST_{i,t}$는 표준보유수, $SA_{i,t}$는 연매출액, $OP_{i,t}$는 영업수익을 나타내며, λ_i는 각 산업별 개별특성효과, $\nu_{i,t}$는 확률적 교란항을 나타낸다.

두 모형의 패널분석 결과는 〈표3〉에 나타나 있다. 분석결과 표준제정 당해연도에는 표준제정수와 특허출원수가 부(-)의 상관관계를 가지는 것으로 나타났다. 또한, 1~2년 전 표준 제정수는 특허출원수와 상관이 없지만 3년 전의 표준 제정수는 특허출원수와 정(+)의 상관관계가 있는 것으로 나타났

〈표3〉 패널데이터 모형을 적용한 특허출원수 결정요인 추정 결과

변수	모형 1 추정계수	모형 1 추정계수
$ST_{i,t}$	-1051.22***	-
$ST_{i\ t-1}$	-68.34	-
$ST_{i,t-2}$	-152.38	-
$ST_{i,t-3}$	409.94***	-
$CST_{i,t}$	-	6335.66***
SA	-846.84**	-1224.18***
OP	239.95	522.69
R Square	0.41902	0.29684
Hausman p-value	6.641e-07	4.295e-06
*, **, ***은 각각 10%, 5%, 1% 수준에서 유의함		

다. 이를 통해 표준의 제정은 일종의 규제로 작용하여 당해연도의 혁신활동에는 부정적이지만 시간이 흐를수록 표준으로 인한 혁신기반 환경 개선으로 기술혁신 성과인 특허출원에 긍정적인 영향을 미친다고 해석할 수 있다. 이는 모형2의 결과에서 그때까지의 표준제정이 누적된 표준 보유수가 특허출원수와 정(+)의 상관관계를 가지는 것으로도 설명된다.

≫ 산업별 특성 검증을 위한 정준상관분석 수행 결과

앞의 패널데이터 분석을 통해 산업전반에서 표준과 기술혁신의 관계를 도출해냈지만, 각 산업별로 그 양상이 다르게 나타날 수 있다. 따라서 각 산업별로 표준이 기술혁신에 특정한 관계를 갖는지에 관한 '가설 3'의 검증을 위하여 정준상관분석(canonical correlation analysis)을 수행하였다.

가설 3: 표준화 활동이 기술혁신에 미치는 영향은 각 산업별로 다르게 나타날 것이다.

정준상관분석은 Hotelling(1936)에 의해 개발된 다변량 분석기법이다. 상관분석이 개별 변수끼리의 상관관계를 분석하는 통계기법인 반면, 정준상관분석은 변수 집단 간의 상관관계를 분석하기 위한 통계기법이다. 또한 회귀분석은 종속변수가 한 개인데 반해 정준상관분석은 복수의 관련 있는 종속변수들을 함께 분석할 수 있다.

정준상관분석의 절차는 먼저 정준상관함수를 생성한 후 그 함수의 유의성을 검증한다. 정준상관함수가 통계적으로 유의하다면, 독립변수군, 종속변수군 각 변수군에 속한 변수들 중 어떤 변수가 더 큰 영향력이 있는지 계산하여 변수 간에 어떤 상호작용이 있는지 분석한다. 본 연구에서는 표준을

〈표4〉 분야별 연도별 제정수와 기술혁신 지표 간의 정준상관함수 유의성 검증 결과

표준 분야	기계	전기전자	금속	광산	건설	일용품	식료품	환경	섬유
윌크스의 람다	0.057	0.328	0.040	0.294	0.104	0.239	0.160	0.067	0.102
카이제곱값	15.745	6.138	17.769	6.732	12.447	7.863	10.066	14.859	12.545
정준상관계수	0.936	0.818	0.973	0.782	0.897	0.842	0.844	0.867	0.927
p-value	0.072	0.726	0.038	0.665	0.189	0.548	0.345	0.095	0.184
표준 분야	요업	화학	의료	수송기계	서비스	물류	조선	항공우주	정보
윌크스의 람다	0.184	0.048	0.138	0.038	-	0.214	0.092	0.172	0.048
카이제곱값	9.301	16.659	10.894	18.055	-	8.473	13.104	9.668	16.691
정준상관계수	0.885	0.924	0.910	0.959	-	0.847	0.903	0.852	0.967
p-value	0.410	0.054	0.283	0.035	-	0.487	0.158	0.378	0.054

〈표5〉 각 표준의 연도별 제정수와 기술혁신 지표들의 정준교차부하량

변수군	구분	금속	수송기계
표준의 제정수	방법표준	-0.873	0.950
	전달표준	-0.884	0.838
	제품표준	-0.949	0.934
기술혁신	특허	0.605	-0.138
	무형자산	-0.334	-0.694
	연구개발비	-0.809	-0.950

〈표6〉 분야별 연도별 보유수와 기술혁신 지표 간의 정준상관함수 유의성 검증 결과

표준 분야	기계	전기전자	금속	광산	건설	일용품	식료품	환경	섬유
윌크스의 람다	0.111	0.280	0.006	0.082	0.060	0.245	0.064	0.001	0.036
카이제곱값	12.086	6.998	28.232	13.752	15.501	7.732	15.125	39.001	18.349
정준상관계수	0.864	0.808	0.975	0.878	0.884	0.836	0.933	0.998	0.952
p-value	0.209	0.637	0.001	0.131	0.078	0.561	0.088	0.000	0.031
표준 분야	요업	화학	의료	수송기계	서비스	물류	조선	항공우주	정보
윌크스의 람다	0.035	0.048	0.033	0.001	-	0.054	0.016	0.001	0.009
카이제곱값	18.496	16.727	18.730	41.655	-	16.056	22.664	39.810	26.070
정준상관계수	0.975	0.953	0.965	0.998	-	0.960	0.951	0.999	0.937
p-value	0.030	0.053	0.028	0.000	-	0.066	0.007	0.000	0.002

〈표7〉 9개 산업 분야의 표준의 연도별 보유수와 기술혁신 지표들의 정준교차부하량

변수군	구분	금속	환경	섬유	요업	의료	수송기계	조선	항공우주	정보
표준의 보유수	방법표준	0.901	0.826	0.917	0.950	-0.899	0.888	0.943	0.966	0.794
	전달표준	0.831	0.942	0.790	0.800	-0.908	0.920	0.607	0.993	0.724
	제품표준	0.797	-0.775	0.836	0.866	-0.633	0.529	0.672	0.530	0.632
기술 혁신	특허	0.283	0.626	0.235	0.850	-0.821	-0.073	0.907	0.466	0.517
	무형자산	-0.659	0.975	0.824	0.694	-0.898	0.774	0.886	0.917	0.266
	연구개발비	-0.949	0.899	0.859	0.872	-0.837	0.993	0.870	0.981	0.524

제품표준, 방법표준, 전달표준으로 나누어 각각의 제정수와 보유수를 독립변수군 X로 두고, 특허출원수, 무형자산수, 연구개발비를 기술혁신에 대응하는 종속변수군 Y로 구성하여 정준상관분석을 시행하였다.

정준상관분석 결과 각 산업별로 표준과 기술혁신 간의 상관관계가 차이가 있음을 확인할 수 있었다. 대부분 산업분야에서 표준과 기술혁신의 관계는 패널데이터 분석결과와 같았으나 금속 분야에서 제품 표준 제정은 특허와 무형 자산과 부(-)의 상관관계가 있으나, 연구개발비와는 정(+)의 관계가 있는 것으로 나타났고, 표준 보유는 특허와는 정(+)의 관계, 무형자산과 연구개발비와는 부(-)의 관계가 있는 것으로 나타났다. 또한 수송기계분야에서 방법표준과 제품표준의 제정이 기술혁신의 3개 변수 모두와 부(-)의 상관관계가 있는 것으로 나타났다. 정준상관분석의 자세한 결과는 〈표4〉에서 〈표7〉까지에 나타나 있다. 〈표4〉와 〈표6〉의 음영된 부분은 p-value가 0.5 미만인 표준변수군과 기술혁신 변수군 간에 선형관계가 나타나는 분야를 뜻한나. 또한 〈표5〉와 〈표7〉의 음영된 부분은 정준교차부하량의 절대값이 0.9이상인 각 변수가 속하지 않은 변수군과 높은 상관관계를 가지는 변수를 나타낸다.

≫ 거시적 관점과 미시적 관점에의 정책적 함의는?

이 연구의 결과가 주는 정책적 함의는 거시적 관점과 미시적 관점으로 나눌 수 있다. 거시적 관점에서는 표준화 활동에 있어서 장기적인 관점을 가지고 정책적 지원을 추진하는 것이 필요하다. 이번 연구의 패널분석 결과 우리나라에서 표준의 제정이 규제로 작용하여 당해연도의 특허출원 활동에는 부정적인 영향을 끼치지만 해당 산업 내 기업들은 1~2년 내에 표준에 대응하는 기술혁신을 달성하여 3년 차에는 특허출원 수를 증가시키는 것으로 드러났기 때문이다. 표준의 제정은 산업 내 기업들의 행동양식을 변화시킬 수 있는 충격으로 작용한다. 그러므로 각 산업 구성원들은 기술혁신 관점에서 표준으로 인한 환경 변화에 대해 1~2년이 지나면 긍정적으로 반응하는 것을 믿고 표준정책을 장기적인 안목으로 추진할 필요가 있다.

미시적 관점에서는 각 산업별로 차별적인 표준화 정책지원이 필요하다. 본 연구의 정준상관분석 결과 산업에 따라 표준의 제정과 보유수가 기술혁신에 긍정적인 영향을 미치거나 부정적인 영향을 미칠 수도 있고 해당 표준이 제품표준, 방법표준, 전달표준인지에 따라 유용성의 차이를 보일 수 있다는 게 밝혀졌다. 따라서 표준의 보유수와 기술혁신 사이에 유의한 선형관계가 확인된 금속, 환경, 섬유, 요업, 의료, 수송기계, 조선, 항공우주, 정보산업 분야에서는 표준화 정책이 기술혁신에 미치는 영향을 좀 더 세밀하게 해석하여 산업별 특징과 유용한 표준유형에 적합한 표준화 정책이 필요하다.

특히 이중에서 ① 항공우주산업의 경우 방법표준과 전달표준 모두가 기술혁신의 모든 지표에 정(+)의 영향을 미친다. 이처럼 방법표준과 전달표준 활동 촉진이 기술혁신의 제반 요소(특허, 무형자산, 연구개발비)에도 긍정적인 영향을 주므로 기술혁신 관점에서도 방법표준과 전달표준에 관련한 적극적인 표준화 정책이 필요하다. ② 같은 논리로 금속, 섬유, 요업, 조선산업 분야에서는 기술혁신의 제반 요소에 긍정적인 영향을 주므로 기술혁신 관점에서는 방법표준에 관련한 적극적인 표준화 정책이 필요하다. ③ 반면에 의료, 수송기계산업 분야에서는 기술혁신 관점에서 다른 표준보다는 전달표준에 관련한 적극적인 표준화 정책이 필요하다. ④ 다만, 환경 분야는 방법표준과 전달표준이 특허에는 긍정적인 영향을 끼치지만 무형자산과 연구개발비에는 부정적인 영향을 주므로 기술혁신의 세부지표에 따라서는 표준화 정책이 부정적인 영향을 미칠 수 있음을 고려해서 정책을 수립해야 할 것이다.

INSIGHT 02.

국제표준화기구(ISO) 중장기 전략방향이 의미하는 것

글 | 서경미(한국표준협회 표준정책연구센터, leaf@ksa.or.kr)

ISO는 '2016년 주요 전략 실행계획'을 통해 10대 중점 추진과제를 제시했다. 그리고 뒤이어 'ISO 2016-2020 전략 이행을 위한 접근법'에 1개 과제가 추가 명시되어, 총 11개 과제에 대한 후속 조치가 진행 중이다. 이 글에서는 ISO의 11개 중점 추진 과제에 대해 집중 분석했으며, 우리가 나아갈 표준과 산업의 방향성을 살피고자 했다. 그 중 주목할 내용으로는 ISO의 서비스표준을 이행한다는 측면에서 정부는 국내 서비스 산업을 세분화하고, 육성 부문을 전략적으로 선정해 맞춤형 정책을 내와야 한다는 점이다. 또한 국내 산업의 특성을 감안하여 수출 규모가 큰 제조·서비스 산업을 중심으로 ISO 해당 부문의 서비스 표준화 활동을 적극적으로 펼쳐 나가야 할 것이다. 아울러 PASC, APEC/SCSC 등의 지역 표준화기구 활동에도 지속적으로 참여해 아시아태평양 주요국으로서의 대한민국 위상도 강화해야 마땅하다.

※ 이 글은 2016년 4월 한국표준협회가 발간한 KSA Policy Study 2016-1호 'ISO(국제표준화기구) 2016-2020 전략의 주요 내용과 시사점'을 칼럼 형태로 재작성한 것입니다. 참고문헌은 한국표준협회(www.ksa.or.kr)에서 확인할 수 있습니다.

국제표준화기구(ISO) 중장기 전략방향이 의미하는 것

≫ ISO 2016-2020 전략이란?

3대 국제표준화기구는 체계적인 업무 수행을 위해 중장기 전략을 수립·발표하고 있다. 그 중 ISO는 2015년 'ISO 2016-2020 전략'[1] 보고서 발간과 함께 2015 ISO 서울총회에서 '2016년 ISO 전략 실행계획'[2]을 발표하였으며, 2016년 2월 'ISO 2016-2020 전략 이행을 위한 접근법'[3]을 추가로 발표했다. 발표된 ISO의 전략은 Council(이사회)를 포함한 산하 전 조직의 연도별 실행과제와 연동되며, 회원국들의 표준화 계획에도 영향을 미친다.

ISO 2016-2020 전략은 6대 전략과 7대 전략과제로 구분되는데, 'ISO 2016-2020 전략 이행을 위한 접근법'이란 문서에서 7개 전략과제별 실행과제가 도출되었으며, 이를 바탕으로 각 과제별 실행계획이 수립되었거나 논의 중에 있다.

---

1. 원제: ISO (2015.10), ISO Strategy 2016-2020
2. 원제: ISO (2015.9), ISO-COUNCIL N0193 Agenda Item 2.1, ISO Strategy Implementation Plan 2016
3. 원제: ISO (2016.2), ISO-COUNCIL N0234 Agenda Item 5, Approach for Implementation of ISO Strategy 2016-2020

'2016년 주요 전략 실행계획'에서는 주요 실행과제와 연계하여 2016년의 10대 중점 추진과제를 제시했다. 추후에 'ISO 2016-2020 전략 이행을 위한 접근법'에 1개 과제가 추가 명시되어, 총 11개 과제에 대한 후속조치가 현재 진행 중이다.

≫ 중점 추진과제 1: 지역 참여 강화

'지역 참여 강화'라는 추진과제는 지역 단위의 표준화 활동을 증진하여 회원국들의 표준화 역량을 강화하고 협업과 파트너십 촉진을 목적으로 한다. 'ISO 지역 참여 이니셔티브'를 결의하고 파일럿 형식으로 아시아태평양(이하, 아태) 지역에 초점을 맞춰 2013년 9월에 싱가포르 임시사무소를 설립하였으며, 2018년 9월까지 싱가포르 지역사무소를 연장 운영할 것을 2015 ISO 서울총회에서 결의하였다.

싱가포르 사무소를 통해 아태 지역 ISO 회원국[4]의 표준화 활동을 지원하고 지역 표준화기구인 PASC(태평양지역표준회의)[5], APEC/SCSC(아시아태평양경제협력체/표준적합소위원회)[6] 등과 협력하며, 토론회, 포럼 등 온·오프라인 커뮤니케이션 행사, 회원국의 정치·경제적 의사결정권자들에 대해 국제표준화의 중요성 제고 등의 활동을 벌이고 있다. 이를 위해 ISO에선 4.5억 원 규모의 운영비와 별도 활동비를 지원하고 있으며, 싱가포르 경제개발청과 관광청 등을 통해 자생적인 예산을 확보하려 노력하고 있다.

4. 한국, 중국, 일본, 북한, 호주 등 26개국
5. PASC(태평양지역표준회의): 1973년 설립되었으며 아시아태평양 지역 26개국 가입(한국, 중국, 일본, 미국, 캐나다 등), ISO·IEC와 협력하며 아시아태평양 지역 회원국 간 국제협력 수행
6. APEC/SCSC(아태평양경제협력체/표준적합소위원회): 1994년 APEC 산하에 설치되어 아시아태평양 지역의 표준 및 적합성 분야 협력 추진

〈표1〉 ISO 2016-2020 전략 체계

6대 전략					
활용성에 초점을 둔 표준개발	회원 기반의 고품질 표준 개발	이해관계자와 파트너 참여 강화	인력, 조직의 역량 개발	IT 기술로 표준 접근성 향상	커뮤니케이션 강화

7대 전략과제		7대 전략별 실행과제[7]
Ⅰ. 표준개발	▶	Ⅰ-1. 발행절차 개편 및 지속적 프로세스 개선 Ⅰ-2. 표준수명 이니셔티브 운영 Ⅰ-3. 표준개발 인력 양성
Ⅱ. 이해관계자 참여	▶	Ⅱ-1. 이해관계자 참여 개선 Ⅱ-2. 지역 단위 표준개발 참여 Ⅱ-3. 우선순위 분야 식별을 위한 접근법 정의 및 적용
Ⅲ. 개발 및 교육서비스	▶	Ⅲ-1. 개도국 지원 재원 확보 Ⅲ-2. 2016-2020 개도국지원 실행과제 실행 Ⅲ-3. 교육기관(대학) 협력 강화
Ⅳ. 마케팅 및 커뮤니케이션	▶	Ⅳ-1. 회원의 커뮤니케이션 지원 Ⅳ-2. 회원국 대상 표준 마케팅 교육 서비스 개발 Ⅳ-3. POCOSA(지식재산권 정책) 개정
Ⅴ. 정보기술 서비스	▶	Ⅴ-1. IT 전략 기반 실행과제 수립 Ⅴ-2. XML 개발 통한 ISO 콘텐츠 사용 촉진 Ⅴ-3. 전문가의 접근성 개선
Ⅵ. 적합성평가	▶	Ⅵ-1. 커뮤니케이션 전략 수립 Ⅵ-2. 이해관계자 포럼 개최
Ⅶ. 지식재산권 보호	▶	Ⅶ-1. 회원 네트워크 지원 및 촉진 Ⅶ-2. 회원국 지식재산권 문제 지원

2016년 11대 중점 추진과제		
(1) 지역 참여 강화	(2) ISO 거버넌스 검토	(3) 서비스표준 전략 이행
(4) ISO 공동 거버넌스 이니셔티브	(5) 간행물의 시장관련성 및 일관성 유지	(6) 미래 표준개발 환경
(7) POCOSA(지식재산권 정책) 개정	(8) 개도국지원 실행과제 기금 확보	(9) 스마트시티 ISO, IEC, ITU 협력
(10) 회원의 마케팅·커뮤니케이션 지원	(11) ISO 아카데미 개선	

한국은 PASC와 APEC/SCSC의 회원국으로 아태 지역 표준화 활동에 참여하고 있다. 한국은 1986년, 2001년, 2012년 총 3회에 걸쳐 PASC 총회를

7. ISO에서 발표한 실행과제를 본 리포트 작성 방향에 따라 요약, 원문은 Appendix 2 참고

유치하였으며, 특히 2012년 총회를 통해 '지속가능한 표준의 이행'이라는 주제로 에너지효율과 신재생에너지에 대한 국제표준의 중요성을 재차 확인하는 계기를 마련할 수 있었다. APEC/SCSC에서는 1995년에 표준화 및 적합성평가 관련 교육의 중요성에 대해 제안한 후 해당 사업을 주도적으로 추진하고 있으며, 최종 결과물로 APEC 표준교육 지침서 3권과 표준전문가양성 지침서 1권을 발간하였다.[8]

≫ 중점 추진과제 2: ISO 거버넌스 검토

거버넌스의 정의와 포괄범위는 매우 넓지만, ISO에서의 거버넌스는 산하 조직의 효율성·다양성과 조직 간 협력에 초점이 맞춰져 있다. 이 실행과제의 주요 목적은 ISO의 신규 전략 하에서 ISO 조직의 효율성 제고를 위해 조직개편 및 주요 위원회별 역할을 재검토하는 것이다. 이 실행과제와 관련하여 2010년에 ISO 거버넌스가 검토되었으며, 이때 주요 이슈는 Council의 의사결정 역할 강화, 재정 담당 부회장직 신설, 개도국 참여 독려, Council 구성 시 지역별 고른 배분, ISO·IEC·ITU 거버넌스 간의 연대 강화 등[9]이었다.

2015년 9월 Council은 ISO 거버넌스의 추가 검토를 위한 특별그룹[10]을 구성하기로 결의하였으며, '거버넌스 내 지역별 고른 배분'은 2010년에 이

8. 원문: (1)Case studies of how to plan and implement standards education programs and strategic curriculum model(2008), (2)Textbook for Higher Education – Standardization: Fundamentals, Impact, and Business Strategy(2010), (3)Teaching Standardization in Universities: Lessons Learned from Trial Program(2011), (4)Inspiring the Next Generation of Standards Professionals – Towards Job Profiling in Today's Global World(2015), http://publications.apec.org/
9. 출처: ISO (2012.9), General Assembly 2012 Item 16, Modernizing ISO Governance Proposals for the ISO General Assembly
10. 정식명칭은 'Ad-hoc group'이나 가독성을 위해 '특별그룹'으로 지칭

어 이번에도 주요 주제로 논의되었다.

2016년 3월 개최된 특별그룹의 1차 회의에서 거버넌스와 관련한 환경분석 결과를 공유하고 특별그룹의 검토범위를 논의하였다. 환경분석의 범위는 글로벌 환경, 우수 거버넌스 사례, ISO 거버넌스 구조의 현황, 현 거버넌스의 강약점, ISO 핵심 기구들의 책임과 관계, Council의 의사결정 프로세스 등을 포함하였으며, 특별그룹의 검토범위는 President's Committee(회장위원회), Council, CS(중앙사무국) 간의 차별성과 관계, 회장·부회장·사무총장의 역할 명확화, ISO 임원과 거버넌스 그룹의 지역 배분, Council의 전략과 리더십 명확화, 특별그룹의 역할과 권고안의 실행방법, 기술투자·

〈그림1〉 ISO 거버넌스 구조

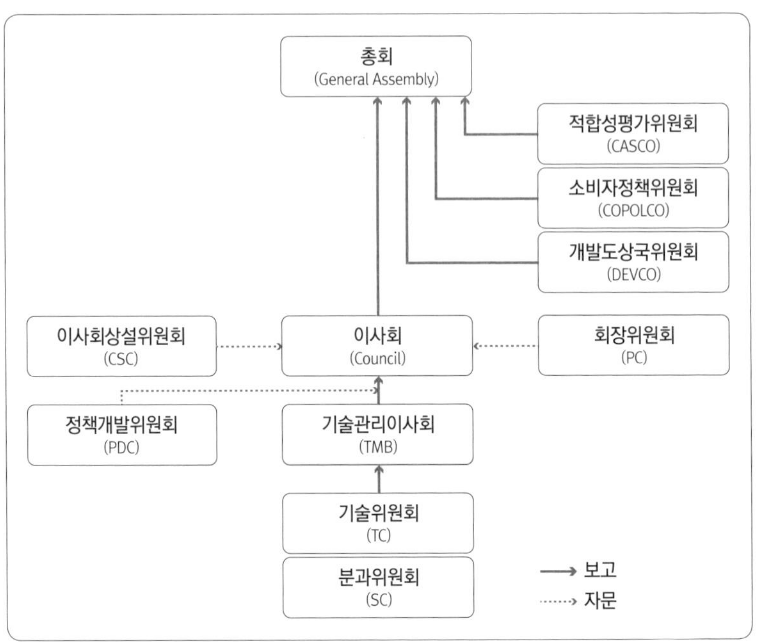

발전 및 영리적 측면에서 거버넌스 관련 상설 조직 검토, Council과 TMB(기술관리이사회)에 대한 참여 강화, Council 멤버 간 커뮤니케이션 체계 구축, 거버넌스 기구의 의사결정에 있어 ISO 회원국 이해관계의 적절한 반영 등을 포괄하였다.

한국은 ISO 총회, Council, TMB, COPOLCO(소비자정책위원회), TC(기술위원회) 등에서 활발한 활동을 추진해왔다. 총회의 경우 매년 한국대표단을 파견하고 있으며, 2015년에는 ISO 서울총회를 성공리에 주관하였고 한국의 주도 하에 '표준 인력양성 전략과 한국의 경험' 등의 주제가 발표되기도 하였다.

또한 1993년부터 ISO Council(20개국 참여)의 이사국으로 활동하고 있으며, 2009년부터는 TMB(15개국 임명)에 기술관리이사국으로 활동 중[11]이다. 2015년 말 기준으로 한국은 전체 759개의 TC와 SC(분과위원회) 중 736개의 TC·SC에 표준전문가가 가입했으며(가입률 97%), 127명의 임원이 활동 중이다(국제의장 14명, 국제간사 18명, 컨비너 95명).[12]

≫ 중점 추진과제 3: 서비스표준 전략 이행

ISO 회원국들이 서비스표준의 중요성을 인식하고 개발·활용하도록 지원하는 한편, 서비스 국제표준 개발기관으로 위상을 강화하는 것에 목적을 두는 과제이다. 공공서비스(에너지, 운송, 통신 등)의 탈규제화와 민간화, 그리고 건강·IT·콜센터 등 일부 서비스 공급의 탈지역화, 관광·금융·웹쇼핑 등 웹기반 서비스의 확대 등 신규 트렌드에 따라 서비스 부문의 국제표준

11. 현재 한국인 이사는 한국표준협회 전진수 본부장이 활동 중(임기: 2016-2018)
12. 출처: 산업통상자원부 국가기술표준원 (2016.7), "2015 국가기술표준백서", p.32~33

니즈가 증가[13]한 것과 함께, 제조 기업이 제품생산은 물론 서비스도 신경 쓰는 트렌드를 일컫는 '제품·서비스 결합(servitization)'이라는 개념이 등장한 것도 서비스표준을 중시하는 큰 원인이 되었다.

ISO에서는 관광, 행사, 헬스케어 등 다양한 분야의 서비스표준화를 추진 중이며, 서비스표준 관련 시장의 니즈를 분석하고 전략을 수립·실행하는 데 초점을 두고 '커뮤니케이션과 지원', '시장의 관심 분석'의 2가지 추진방향을 발표하였다.[14]

'커뮤니케이션과 지원' 측면에서는 ISO 회원국들이 서비스시장과 커뮤니케이션하는 방법의 개발과 개선, 서비스표준화 논의 심화, 서비스표준의 우수사례 발굴, 제품과 서비스 간의 관계를 분석, ISO Focus 간행물을 통해 서비스표준 상세 소개, 서비스 관련 국제 워크숍 개최 등의 활동이 제시되었다. 또한 '시장의 관심 분석'과 관련해서는 서비스 교역 현황 및 국제표준의 효과 분석, 서비스표준 개발 위원회들의 정보 수집 등이 주요 연계활동으로 선정되었다.

국내에서는 2016년 10월 현재 129종의 서비스 KS가 제정되었으며, 제4차 국가표준기본계획(2016-2020)에서 '제조기반 서비스산업 표준화 추진'이 중점 추진과제로 도출되어 서비스 산업의 표준화 현황 분석과 전략 수립이 요구되는 상황이다.

≫ 중점 추진과제 4: ISO 공동 거버넌스 이니셔티브

이 실행과제는 ISO 내 위원회·이사회 간 협업을 통해 신규 표준화 주제

13. 최동근 (2015.11), "국내외 서비스 산업의 표준화 현황과 발전방향", KSA Policy Study 15-6
14. 출처: ISO (2016.1), ISO Strategy for Service Standardization

를 Top-down 방식으로 발굴하는 것이 주된 목적이다. 구체적으로는 표준화 부문 확대를 위해 표준화 주제 발굴과 TC·SC 신설에 있어 ISO 거버넌스의 상위조직인 TMB와 SPC(전략상임이사회) 간의 협력 추진을 골자로 한다.

2015년 기준으로 주요 산업분야별 ISO 표준 신규제정 현황을 살펴보면 전자정보통신, 공학기술, 재료기술 분야에 집중되는 경향을 보이고 있다. 그리고 그간 개별 위원회·이사회의 성과를 보면 TMB는 신규 표준화 부문을 지속적으로 발굴하여 2015년에 8개의 TC와 2개의 PC(프로젝트위원회)를 신규 개설[15]하였다.

〈표2〉 2015년 ISO표준 주요 산업분야별 신규제정 현황

ICS 코드	농업, 식품	건축	전자 정보 통신	공학 기술	일반 인프라 과학 서비스	보건 안전 환경	재료 기술	특수 기술	교통 물류
신규 제정	63종 (4%)	30종 (2%)	351종 (23%)	335종 (22%)	156종 (10%)	81종 (5%)	310종 (21%)	21종 (3%)	158종 (10%)

※ 출처: 산업통상자원부 국가기술표준원 (2016.7), 2015 국가기술표준백서, p.27

한국에서는 민·관 공동 거버넌스 하에서 전략적 표준화 추진을 위해 국가표준코디네이터 사업[16]을 실행 중이며, 중점 사업분야를 Top-down 방식

15. ISO/TC 292(보안) ISO/TC 272(법의학), ISO/TC 251(자산관리), ISO/TC 296(대나무·라탄), ISO/TC 297(폐기물관리), ISO/TC 298(희토류), ISO/TC 299(로봇·로봇기기), ISO/TC 300(폐기물고형연료), ISO/PC 294(단위가격표시가이넌스), ISO/PC 295(감시데이터 수집), 출처: ISO (2016.3), ISO-COUNCIL N0256 Agenda Item 11, TMB Report to Council

16. 국가표준코디네이터 사업: 기술 및 표준 전문지식을 보유한 민간 전문가(국가표준코디네이터)를 선발하여, 국내 개발기술의 국제시장 진출에 대한 방향제시 및 개발기술의 활용도 향상을 위한 지원, http://www.kscodi.or.kr

으로 기획하여 기술개발과 표준화 연계를 지원하고 있다. 2015년에 선정된 중점 사업분야는 착용형스마트기기, 스마트헬스, 스마트공장, 차세대소재, 차세대철강이며, 최근 3년간 국가표준화 기획(19건), 기술표준 애로기술 자문(42건) 등의 주요 성과를 도출하였다.

≫ 중점 추진과제 5: 간행물의 시장관련성 및 일관성 유지

이 과제의 목적은 장기간 유지된 ISO 표준의 개정 여부와 표준 개정 체계를 검토함으로써 ISO 표준이 시장의 니즈에 지속적으로 부합하게 만드는 것이다. 간행물이 시장의 니즈에 적절하게 부합하고 있는지는 '표준의 수명'이라는 이니셔티브로 2014년에 논의가 시작되었으며, 2016-2020 전략에 연계되었다. 표준과 표준화 절차를 검토하는 특별그룹에서 '표준의 수명'과 관련된 개선방안을 제출하여 TMB에서 관련 과제를 실행 중이다. 구체적으로는 5년 확인도래 표준에 대해 P멤버[17]의 투표를 의무화하고 관계자들이 변경내용을 숙지하도록 유도하는 것과 ISO의 전반적인 표준 유지관리 절차에 대해 외부 커뮤니케이션을 강화하는 등의 세부과제가 선정되었다.

국내에서는 산업통상자원부 국가기술표준원에서 지정한 표준개발협력기관을 통해 국가표준(KS)의 제·개정에 관한 검토를 실시하고 개정 작업을 진행하고 있다. 또한 국내표준 보급 기관인 한국표준협회에서는 ISO 표준의 제·개정 현황을 매주 모니터링하고 표준 보급 웹사이트[18]에 업데이트하고 있다.

---

17. ISO의 회원국은 개발되는 표준안에 대해 투표를 실시하는 P멤버(Participation)와 추진 현황을 모니터링 할 수 있는 O멤버(Observation)로 구분되며, 한국은 투표권을 행사하는 P멤버임
18. http://www.kssn.net

〈표3〉 5개년 국가표준(KS) 제·개정, 확인, 폐지 현황

연도	제정	개정	확인	폐지	유효
2015	170	1,510	1,689	298	20,392
2014	982	2,171	2,010	945	20,520
2013	180	847	3,669	3,827	20,482
2012	525	1,518	4,681	319	24,219
2011	411	1.050	3.441	110	23,923

※ 출처: e나라표준인증, http://www.standard.go.kr

≫ 중점 추진과제 6: 미래 표준개발 환경

표준개발의 범위, 방법, 프로세스의 개선 방안에 대한 논의가 심화되면서 IT 기반의 솔루션에 대한 관심이 높아지고 있다. 이런 배경에서 IT 기술을 표준개발 환경에 적용하여 표준의 품질을 향상하고 개발 기간을 단축하는 것이 이 과제의 목적이다.

표준개발의 범위에서 살펴보자면 스마트시티의 사례처럼 기술, 커뮤니케이션, 전기 등 다양한 부문들의 연계와 융합이 강화되므로 ISO, IEC, ITU 등 각 부문을 담당하는 표준화기구 간 협력이 점차 중요해지고 있다. 또한 위키나 크라우드소싱 등 표준 이용자들의 친숙한 IT 툴을 표준개발의 과정에 활용하는 방안이 검토되고 있다. 예컨대 IT를 활용한 다양한 표준개발 프로세스를 제시하면 ISO 회원국은 물론, 이해관계자와 위원회는 적합한 프로세스를 선택적으로 이용하여 표준안 검토와 피드백 시간을 단축하는 방안이 검토되고 있는 것이다.

국내에서는 IT 기반의 표준개발 환경 개선이라는 측면에서 제4차 국가표준기본계획을 통해 국가·국제표준-기술규제 연계 및 국가 데이터베이스 구축이란 과제를 수립하고, 이를 추진 중에 있다.

≫ 중점 추진과제 7: POCOSA(지식재산권 정책) 개정

이 실행과제는 표준 보급과 관련된 정책을 개선함으로써 ISO의 지식재산권을 보호하고, 비즈니스 모델을 강화하며, ISO 발행물을 최대한 촉진하는 것을 목적으로 한다. POCOSA는 ISO의 지식재산권을 보호하기 위한 정책으로, 현재 통용되는 최신 정책은 2012년에 발표된 것이다.[19] POCOSA 2012는 ISO 회원의 ISO 출판물 보호 의무, ISO 출판물의 지식재산권보호 범위, ISO 출판물의 복제와 배포 조건 등에 초점을 두고 있다.

POCOSA 개정을 담당하는 특별그룹은 국가표준으로 채택 시의 로열티와 마케팅 규정, ISO 부합화 표준의 판촉 방안, 로열티 할인, 회원국 권한과 책임 등을 논의했는데, 개정의 기본원칙은 회원국이 ISO에게 로열티를 지불하지 않고 ISO 표준을 채택할 수 있음, 회원국이 자국 내에서 적극적 마케팅을 수행할 수 있음, 회원국 외부에서 소극적 마케팅을 수행하는 것과 관련하여 조건을 명확히 함, POCOSA가 적절히 실행되기 위한 규제 메커니즘의 구축, 회원국들은 재정과 참여 측면에서 ISO에 헌신하며 자국의 이익이나 특별한 상황적 이익을 고려하지 않음 등이다.

국내에서는 ISO의 지식재산권 무단 활용이 발생하는 경우 POCOSA 내용에 기반하여 조치를 실시해야 하며, 산업통상자원부 국가기술표준원이 POCOSA 개정에 지속적으로 대응하고 있다.

≫ 중점 추진과제 8: 개도국지원 실행과제 기금 확보

이 과제의 목적은 개발도상국의 표준화 역량을 강화하는 사업들에 대해

19. 원문: ISO (2012.8), Policy for the Distribution of ISO Publications and the Protection of ISO's Copyright – ISO POCOSA 2012

충분한 예산을 확보하는 것이다. DEVCO(개발도상국위원회)[20]는 '2016-2020 개도국지원 실행계획'을 발표하였으며, 실행계획의 목표를 달성하기 위해 필요 예산의 확보에 노력을 기울여왔다. '2016-2020 개도국지원 실행계획'은 개도국 공공정책에서 표준화의 역할 강화, 표준화 기관의 전략수립, 운영, 기술적 역량 강화, 개도국 회원의 국제표준화 참여 증가, 프로젝트 실행을 통해 타 기관과의 시너지 창출 등을 주요 목표로 설정하고 있다.

이와 관련하여 SIDA(스웨덴국제개발협력기관) 및 기타 이니셔티브와 기금 확보를 위한 협의를 진행했으며, 2016년과 2017년 연도별 실행계획과 관련하여 개도국들에 대한 기술적 지원과 교육 수요를 파악하였다.

이 실행과제와 관련하여 한국은 ARSO(아프리카표준화기구), GSO(걸프지역표준화기구), COPANT(중남미표준화기구) 등의 지역 표준화기구와 협업 하에, 개도국 표준체계보급지원사업(ISCP)을 실시하고 있다. ISCP 사업은 한국의 표준정책 및 표준화체계(표준, 적합성평가, 계량)를 개도국에 지원하여 국내 기업의 신흥 시장 진출을 확대할 목적으로 2011년부터 추진되고 있으며, 2016년에는 주요 권역별로 중장기 표준인증 협력을 위한 로드맵 수립, 지역별 ISCP 포럼을 통한 네트워크 강화와 사업 확대, 한국-개도국 간 WIN-WIN 협력과제 발굴, 개도국 시험인증시장에 대한 정보 수집과 국내 보급 등에 초점을 맞춰 사업이 진행 중이다.

≫ 중점 추진과제 9: 스마트시티 ISO, IEC, ITU 협력

비단 스마트시티뿐 아니라 융복합 기술이 망라된 신산업 분야 전반에서

20. DEVCO(Committee on Developing Country Matters, 개발도상국위원회): 표준화 분야에서 개발도상국의 요구 및 필요에 대해 조치사항을 실행, 권고함

는 국제표준화기구 간 협력을 강화하여 시장에 적합한 국제표준을 선점하는 것이 뜨거운 화두이다. 다양한 기술이 결합하는 스마트시티와 관련해서 ISO는 위원회 간 협업의 중요성을 인식하여 TMB 산하에 스마트시티 특별그룹을 설치하였으며, 3대 국제표준화기구의 스마트시티 합동 워크숍의 개최 또한 추진되었다.

특별그룹은 보고서를 통해 총 8건의 권고안을 제시하였으며, 주요 내용은 워크숍의 주기적 개최, TMB 특별그룹 상설, 타 표준개발기관(IEC, ITU-T 등)과의 논의 주도, 스마트시티 관련 표준개발 위원회 간 연계와 협력 등이다. 합동 워크숍에서는 스마트시티 이해관계자, ISO 기술위원회, 표준개발 기관 등이 참석하였으며, 이해관계자에 대한 정보 제공 및 표준개발 기관 간 정보 교류와 실행계획 논의 등을 진행하였다.

국내에서는 3대 국제표준화기구 내에 설치한 담당그룹[21]에 대해 국내 대응그룹이 활동 중이며, 산업통상자원부 국가기술표준원에서 스마트시티 표준기술연구회를 운영하고 있다. ISCoK[22]의 일환으로 ISO, IEC, ITU-T 간 표준화 협력을 추진하였으며, 스마트시티 국제표준화기구 대응그룹 간 협력이 논의되고 있다.

≫ 중점 추진과제 10: 회원의 마케팅 · 커뮤니케이션 지원

ISO 표준 보급과 관련하여 회원국들의 관련 역량과 기술을 지원함으로써 표준 보급을 확대하고 ISO 표준의 활용성을 제고하는 것을 목적으로 한다. 회원국의 마케팅과 커뮤니케이션 지원은 'ISO 표준 보급'과 'ISO 및

21. ISO/IEC JTC 1/WG 11(Smart Cities), IEC SyC Smart Cities, ITU-T SG20(IoT and its applications including smart cities and communities)
22. ISCoK: International ICT Standards Collaboration in Korea

ISO 회원국의 지속가능성 제고'라는 핵심목표와 관련하여 중요하게 다뤄지며, IT 기반 서비스 강화에 초점을 맞추고 있다. 이와 관련해 XML[23]과 ISOlutions(아이솔루션즈)[24]를 활용한 표준개발과 마케팅 극대화, 표준 보급 우수사례 및 자원 공유 등의 활동이 검토되었다.[25]

2016년 2월부터 표준접근성 차원에서 ISO의 표준을 PDF 포맷으로 발간하고 있으며, 서비스 플랫폼인 ISOlutions은 회원국들에게 마케팅·세일즈 측면에서 비즈니스 모델, 마케팅 역량 향상을 위한 정보, IT 소프트웨어, 온·오프라인 교육 등을 제공하고 있다. 또한 위원회의 커뮤니케이션을 활성화할 목적으로 위원회용 웹사이트가 2015년 시작되었는데, 그 주요 기능은 ISO 기술 커뮤니티 간의 표준 공유, 이해관계자와의 주기적 접촉 등이다. IEC 시스템을 참고하여 ISO 회의 개최 안내 및 참석자 등록의 기능을 지원하고 있으며, ISO 내부뿐 아니라 외부이용자(위원회 간사 등)도 이용할 수 있도록 하는 등 관련 서비스를 강화한 신규 개발관리 플랫폼을 2017년 완료를 목표로 준비 중이다.

한국은 ISO가 지원하는 마케팅·커뮤니케이션 툴을 검토하고 국내 상황에 따라 적용하고 있다.

≫ 중점 추진과제 11: ISO 아카데미 개선

이 실행과제의 목적은 ISO 아카데미의 운영체계 개선 전략을 수립하여 성과를 제고하는 것이다. ISO 아카데미는 전략적 검토가 부족한 상황에서

23. XML(eXtensible Markup Language): '확장가능한 정보표시 언어'라는 뜻으로, 이용자의 작성, 관리, 검색 등 이용 전반이 편리한 언어를 뜻함
24. http://isolutions.iso.org/
25. 출처: ISO (2016.3), ISO-CSC-FIN N0133 Agenda Item 5, Updates on IT Projects

'개발훈련 부문'과 '교육연구 부문'으로 분리 운영해왔으며, 양 부문의 통합 운영과 함께 전략 개선의 필요가 제기되었다. '개발훈련 부문'은 개도국 실행과제 수립, DEVCO 지원, ISO 회원국을 대상으로 한 고품질 훈련자료의 개발과 배포, 주요 지역에 대한 훈련 서비스 수행을 포함하며, '교육연구 부문'은 표준의 가치, 신규 분야 발굴, 표준화-혁신-표준개발 간 연계에 초점을 둔 연구 사업, 표준기관과 대학 간 협업을 촉진하고 표준교육 관심 기관들의 네트워크를 조성하는 등의 활동을 수행한다. 지식을 공유하고 자원과 네트워크를 공동 활용함으로써 시너지를 창출하고자 양 부문의 통합 운영을 실시하고 있다.

한국은 2015 ISO 서울총회에서의 표준교육 관련 발표를 수행하는 한편, APEC/SCSC의 관련 도서 발간 등으로 표준교육 분야에서 리더십을 확보하고 있다.

2016년에는 국제학, 행정학, 기술경영, 공학 등 기존 전공과 융합된 '표준융합 특성화 대학(원)' 과정을 신설하려는 중인데, 연구개발, 시험인증, 품질관리, 기업전략, 산업·기술정책, 국제무역 등과 표준을 연계한 산업계 인력의 대학 재교육 과정에 초점을 두고 있다.

≫ 우리가 나아갈 길: ISO 정책에 부합하는 국가표준 개발해야

우리는 ISO의 싱가포르 사무소를 통해 국내 표준인력을 육성하고 네트워크 확대의 계기로 삼아야 한다. 또 PASC, APEC/SCSC 등의 지역 표준화 기구 활동에도 적극적으로 참여해 아태평양 주요국으로서의 위상을 강화해야 한다. 아울러 회원국의 위상과 의사결정권에 영향을 미칠 수 있는 거버넌스 검토 진행상황을 모니터링하고 거버넌스 특별그룹에 적극 참여할 필요가 있으며, 거버넌스 변화 대응 차원에서 정책위 임원직 수임을 강화하고, 범부처의 표준전문가를 중심으로 임원직 후보군을 지속적으로 양성해야 한다.

또한 서비스 산업 측면에서는 산업분야를 세분화하고, 육성 부문을 전략적으로 선정해서 맞춤형 정책을 마련하고 투자를 해야 한다. 해외 교역의 영향력이 큰 국내 산업의 특성을 감안하여 수출 규모가 큰 제조·서비스 산업을 중심으로 ISO 해당 부문의 서비스 표준화 활동을 강화해야 할 것이다.

ISO의 Top-down 방식 신규 표준화 주제 발굴 과정에서 국내 의견을 적극 개진하여 TC·SC 신설을 주도하는 한편, ISO 공동 거버넌스의 사례와 방법론을 분석하여 국내 부처 간, 표준유관기관 간, 표준화그룹 간 협력에 적용을 검토해야 한다. 그리고 간행물의 시장관련성 및 일관성을 위해 국가표준(KS)의 제·개정을 담당하는 표준개발 협력기관들이 표준의 적시성과 시장니즈 부합성을 유지하도록 관리가 필요하다. 그 밖에 ISO 표준에 부합화된 국가표준의 활용성이 높으므로 국내 기업의 ISO 표준개정 의견을 수렴하고 ISO에 전달해야 한다.

우리나라는 최상위권 IT 인프라 보유국인 만큼 IT 기반의 표준개발 환경 개선에 대해 선제적으로 정책을 제안할 수 있으며, 특히 표준개발 시간을 단축할 수 있는 방법론과 융복합 신산업 분야의 커뮤니케이션을 촉진하는 방안에 대해서도 연구가 필요하다. POCOSA(지식재산권 정책) 개정 측면에서는 국내의 표준 보급 체계가 ISO 정책에 부합하도록 ISO의 개정 현황과 국내표준 활용 상황에 대한 지속적인 모니터링과 대책이 필요하다. 아울러 부합화된 표준의 지적재산권도 ISO에서 보유함을 인식하고 준수하는 한편, 국내에서 ISO 국제표준이 활용되도록 노력해야 할 것이다.

한편 개도국 지원사업을 수행함에 있어서는 시장성이 높은 주요 지역·국가를 선정하고 지원을 집중할 필요가 있다. 해당 국가의 표준·인증 동향 연구 등을 통해 운영효과를 강화해야 하며, DEVCO와의 협업 또는 채널 연계를 통한 효율적인 방안을 모색해야 한다. 융복합 신산업은 기존에 개별 추진한 기술들을 정보통신기술 기반으로 통합·운영하는 작업이므로, 우리나라가 선도적으로 추진하는 중점 분야에 대해서는 국내에서 대응 위원회별 커뮤니케이션과 협력을 촉진하는 인프라 마련이 필요하다.

회원의 마케팅·커뮤니케이션 지원 측면에서는 국내의 우수한 IT 인프라 내에서 ISO의 다양한 커뮤니케이션 서비스를 활용해 국내의 성과를 전파할 필요가 있다.

또한 표준전문가의 체계적 양성이 주요 이슈로 대두되므로 국내에서도 표준전문가 육성을 위한 전략 수립과 예산 투자가 필요하다. 따라서 정부는 표준교육 사업에서도 우리나라의 우수사례를 전파하고 ISO와의 협력을 모색해야 한다.

약어

[표준화기구]

- ISO : International Organization for Standardization, 국제표준화기구
- IEC : International Electrotechnical Commission, 국제전기기술위원회
- ITU : International Telecommunication Union, 국제전기통신연합
- PASC : Pacific Area Standards Congress, 태평양지역표준회의
- APEC/SCSC : Asia-Pacific Economic Cooperation/Sub-Committee on Standards and Conformance, 아태평양경제협력체/표준적합소위원회
- ARSO : African Organisation for Standardisation, 아프리카표준화기구
- GSO : Gulf Cooperation Council Standardization Organization, 걸프지역표준화기구
- COPANT : Pan American Standards Commission, 미주표준위원회

[ISO 거버넌스]

- CS : Central Secretariat, 중앙사무국
- CSC : Council Standing Committee, 상임이사회
- FIN : (Council Standing Committee on) Finance, 재정상임이사회
- SPC: Strategy and Policy Committee, 전략상임이사회
- TMB : Technical Management Board, 기술관리이사회
- CASCO : Committee on Conformity Assessment, 적합성평가위원회
- COPOLCO : Committee on Consumer Policy, 소비자정책위원회
- DEVCO : Committee on Developing Country Matters, 개발도상국위원회
- TC : Technical Committee, 기술위원회
- SC : Subcommittee, 분과위원회
- PC : Project Committee, 프로젝트위원회

[기타]

- POCOSA : Policies on Copyright and Sales, 지식재산권 정책
- ISCP : International Standards Infrastructure Cooperation Program, 개도국 표준체계 보급지원 사업

INSIGHT 03.

차세대 표준의 미래, 표준전문가 양성이 답이다

글 | 최동근(한국표준협회 표준정책연구센터, dgchoi@ksa.or.kr)

표준전문가는 기업·정부·단체 등에서 표준화, 적합성평가 및 계량측정 분야의 직무를 전문적으로 수행하는 사람으로서 관련된 지식, 기술, 경험을 갖춘 인적자원을 말한다. 아시아태평양경제협력체(APEC) 역내에 표준 부문 일자리는 기업 90만여 명과 전문기관 10만여 명을 포함한 총 100만여 명 규모로 추정된다. 이 글은 〈APEC 차세대 표준전문가 양성 전략〉을 바탕으로 표준전문가 일자리와 기업의 종사자 현황을 살펴보았다. 기업규모와 업종별 특성에 따른 표준 관련 업무 종사자의 비중은 정비례하지는 않고, 개별 기업의 특성에 좌우되는 것을 확인할 수 있었다. 젊은 표준전문가를 글로벌 표준리더(Leader)로 양성하기 위해서는 '경력로드맵'과 '직무요건' 등의 체계적 개발 및 국제협력이 필요한 시점이다.

※ 이 글은 2016년 10월 한국표준협회가 발간한 KSA Policy Study 2016-6호 '기업의 차세대 표준전문인력 양성 - APEC 조사 결과의 향후 협력과제'를 칼럼 형태로 재작성한 것입니다. 참고문헌은 한국표준협회(www.ksa.or.kr)에서 확인할 수 있습니다.

차세대 표준의 미래,
표준전문가 양성이 답이다

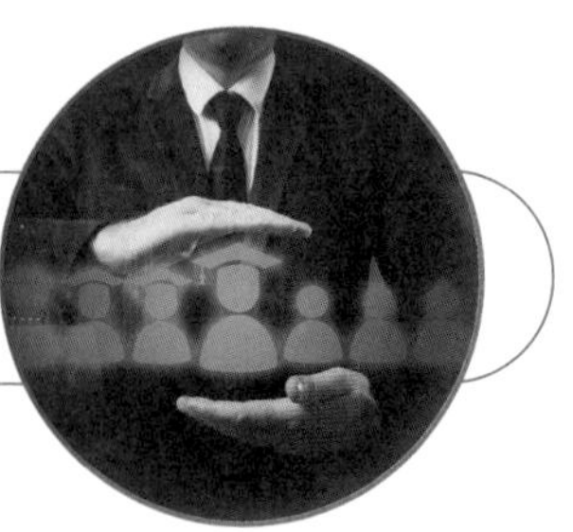

아시아태평양경제협력체(APEC)는 2013년도에 한국제안으로 차세대 표준전문가 개발을 위한 촉진전략 수립 프로젝트를 추진하였다. 프로젝트의 목적은 APEC 역내 국가들의 경쟁력 강화를 위해 표준분야의 차세대 전문가 양성을 위한 현황을 조사하고, 인력양성의 방향과 과제를 정립하는 데 있었다. 프로젝트 조사 및 워크숍에는 총 26개의 기업이 중국(2개), 인도네시아(2개), 일본(7개), 한국(8개), 말레이시아(2개), 필리핀(2개), 싱가포르(2개), 대만(5개)순으로 참가하였다.

≫ 15개로 분류한 표준전문가 직무

프로젝트 추진을 위해 표준전문가를 정의하고 직무를 분류하였다. 표준전문가의 회원국 간에 다양한 접근방법이 논의되었으나, 표준커뮤니티에서 통용되는 직무를 기반으로 정의 및 분류하였다.

표준전문가의 표준화, 적합성평가, 계량측정 분야에서 수행업무를 국제표준기구 등에서 통용되는 직무를 기반으로 15개로 분류할 수 있다. 표준화

표준전문가란 "기업, 정부, 단체 등에서 표준화, 적합성평가 및 계량측정 분야의 직무를 전문적으로 수행하는 사람으로서 관련된 지식, 기술, 경험을 갖춘 인적자원" (APEC, 2015)

※ 원문: Standards Professionals are those people who have a job or business activities in the standards areas - standardization, conformity assessment, and metrology.

〈그림1〉 표준전문가의 직무분류 (APEC, 2015)

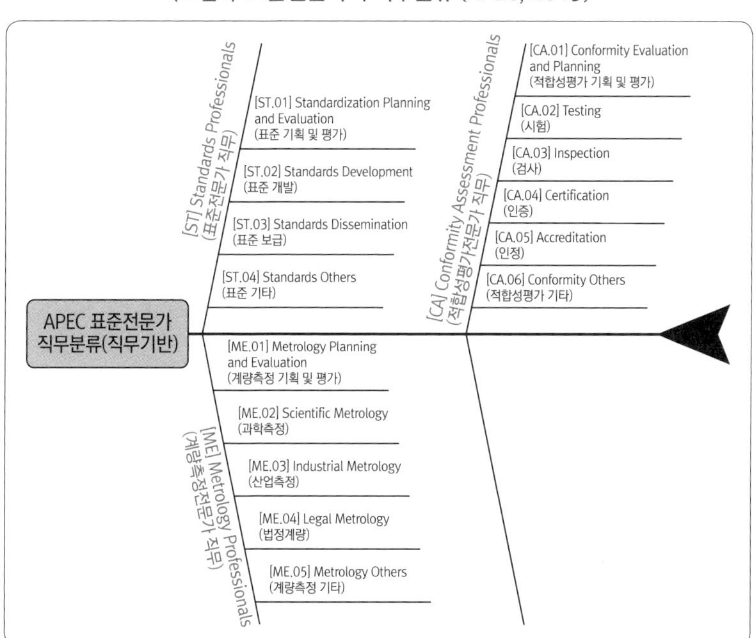

전문가는 표준기획·평가, 표준개발, 표준보급, 표준 기타의 4가지 직무로 분류된다. 적합성평가 전문가는 적합성기획·평가, 시험, 검사, 인증, 인정, 적합성 기타로 6가지로 분류된다. 계량측정 전문가는 계량측정기획·평가, 과학측정, 산업측정, 법정계량, 측정 기타로 분류된다.

<표1> 표준 전문가의 직무분류

대분류	중분류
표준화 ST (STandardization) 기업 표준전문기관	ST01. 표준 기획 및 평가(전략수립, 우선순위선정, 성과평가 등) ST02. 표준 개발(자체개발, SDO 위탁개발, 단체표준 채택) ST03. 표준 보급(마케팅 및 판매, 정보 제공), ST04. 표준 기타(대외협력, TBT·규제 대응 및 정책, 대외협력 등)
적합성평가 CA (Conformity Assessment) 기업 표준전문기관	CA01. 적합성평가 기획 및 평가 CA02. 시험 CA03. 검사 CA04. 인증(제품인증, 경영시스템 인증) CA05. 인정(시험기관 인정, 교정기관 인정, 검사기관 인정, 제품인증기관 인정, 경영시스템 인증기관 인정, 표준물질 생산기관 인정, 숙련도 시험기관 인정, SDO 인정 등) CA06. 적합성평가 기타
계량측정 ME (MEtrology) 기업 표준전문기관	ME01. 계량측정 기획 및 평가 ME02. 과학측정(측정표준, 표준물질, 참조표준) ME03. 산업측정(교정, 정밀측정) ME04. 법정계량(법정단위, 계량기 형식승인 및 검정, 포장상품 실량표시) ME05. 계량측정 기타

≫ APEC 내 표준 관련 종사자는 100만 명

APEC 역내에 표준 부문 일자리는 기업 90만여 명과 전문기관 10만여 명을 포함한 총 100만여 명 규모로 추정된다. 직무별로 보면 적합성 60만여 명, 표준 30만여 명, 계량측정 10만여 명 규모이다. 이는 APEC 프로젝트 26개 기업 조사결과를 토대로 한 것이다.

APEC 프로젝트 설문에 참여한 총 26개 기업의 표준 관련 업무종사자 비율은 최소 0.0%에서 최대 43.3%로 전체 임직원의 평균 11.1%로 조사되었다. 직무별로는 전체 임직원의 6.7%가 적합성 분야 업무를, 3.2%가 표준화 업무를, 1.2%가 계량측정 업무에 종사하고 있었다. 표준화 부문에서는 표준화기획·평가 종사자가 가장 높은 전체 임직원의 1.2%, 표준개발 업무 0.7%, 표준보급 업무 0.7%, 기타 업무 0.6% 순으로 조사되었다. 또한 적합성 부문에서는 검사업무 종사자가 2.3%, 시험업무 1.7%, 인증업무 1.3%, 인정 업무 0.9%, 적합성 기타 업무 0.5% 순으로 조사되었다. 계량측정 분야는 법정계량 업무 종사자가 0.5%, 산업측정업무 0.3%, 과학측정 업무 0.2%, 기타 업무 0.1% 순이었다.

〈그림2〉 기업 표준전문가의 특성 현황(이공계, 고학력, 여성)

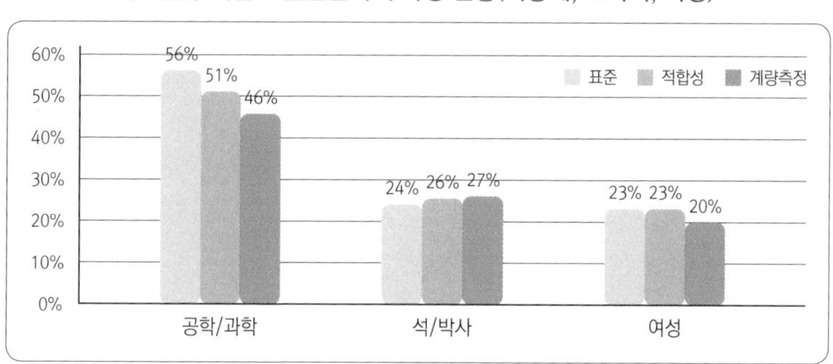

세부적인 특성을 살펴보면 기업 표준업무 종사자의 특성은 이공계와 비(非)이공계 전공의 비율은 거의 같고, 석사 이상의 학력 보유자 및 여성의 비중은 1/4 수준이었다. 표준화, 적합성, 계량측정의 세 부문별로 특성을 보면 이공계 전공, 고학력, 여성 비중의 편차는 크지 않았다.

≫ 이공계, 4년 이상 경력, 학사 이상 선호도 높아

기업이 신규채용을 할 때 전공, 학력, 경력, 자격증에 대해 조사를 진행했다. 채용 시 표준부문 전체적으로 이공계에 대한 선호도는 70~80% 수준으로 매우 높은 편으로, 이공계 전공을 요구하는 비율은 계량측정(87.2%)이 가장 높고, 이어서 표준화(83.5%), 적합성(75.7%)순이었다.

채용 시 최소 4년 이상의 경력을 요구하는 비율은 20~30% 수준으로 비교적 낮으며, 신규직원을 채용하여 내부 육성하는 비중이 높았다. 최소 4년 이상의 경력을 선호하는 비율은 표준화(37.6%)가 가장 높고, 적합성(21.4%), 계량측정(19.1%)순으로 나타났다. 채용 시에 석사 이상의 고학력을 요구하는 비율은 표준화 분야(17.7%)가 가장 높고, 계량측정(14.9%)과 적합성 분야(7.1%)순으로, 표준 분야에서는 석박사 이상의 고학력 선호도는 높지 않았다.

채용 시에 특정 자격증을 요구하는 비율은 전체적으로 매우 낮은 편으로, 적합성 분야(12.9%), 표준화(8.2%), 계량측정(6.4%)순이었다. 관련하여 향후 표준화 부문에서 전문가 양성을 위해서는 교육훈련 강화(51%)와 자격인증 도입(54%)이 필요하다는 의견이 가장 높았다. 이렇듯 표준전문가 채용공고를 보면 기업이 어떤 인력을 필요로 하고 실제 어떤 직무를 하는지 알 수 있다.

≫ 차세대 표준전문가 양성 위해 체계적 계획 필요

정부가 수립한 제4차 국가표준기본계획(2016-2020)에서 다음과 같은 4개의 차세대 표준전문가 양성 과제를 제시하고 있어 체계적인 이행이 필요하다. 첫째, 기존의 교양과정 중심의 과정과는 달리, 국제학, 행정학, 기술경영, 공학 등 기존 전공과 융합된 「표준융합 특성화 대학(원)」 과정을 신설한다. 둘째, 범부처 표준담당 공무원, 표준개발협력기관 등의 표준개발인력, 기업 임직원의 표준역량 강화를 위하여 '표준아카데미' 운영을 추진한다. 셋째, 이러닝, 모바일 러닝, 온라인공개수업(MOOC) 등 다양한 형태의 콘텐츠를 기업에 제공한다. 넷째, 표준전문인력의 체계적 선발과 양성, 활동 촉진을 위해 '민간 표준전문가 자격인증제'를 등록하고, 2020년까지 이를 1,500명으로 확대하는 노력이 필요하다. 또한 표준전문가 직무능력을 국가

〈그림3〉 기업 채용 시 이공계 선호도

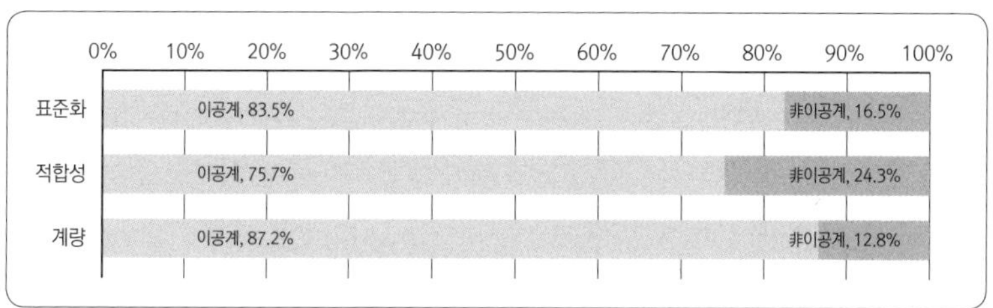

〈그림4〉 기업 채용 시 최소경력 요건

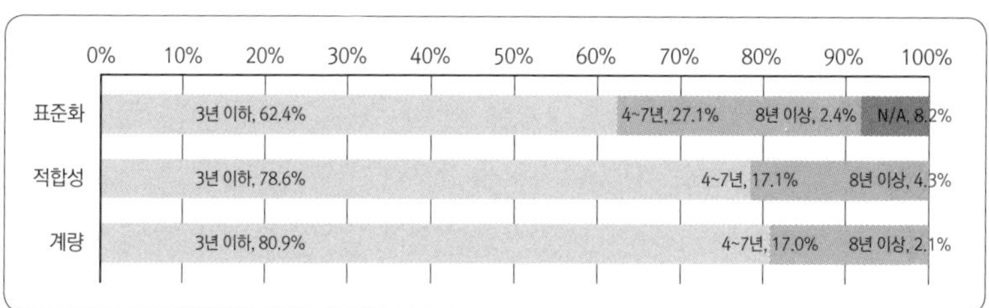

〈그림5〉 기업 채용 시 고학력 요건

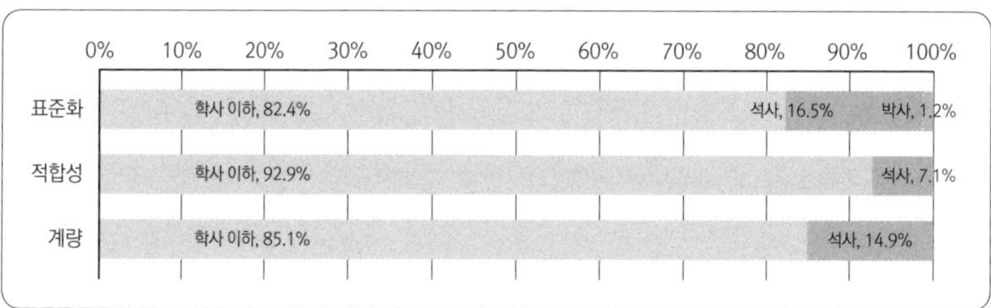

〈그림6〉 기업 채용 시 자격증 요건

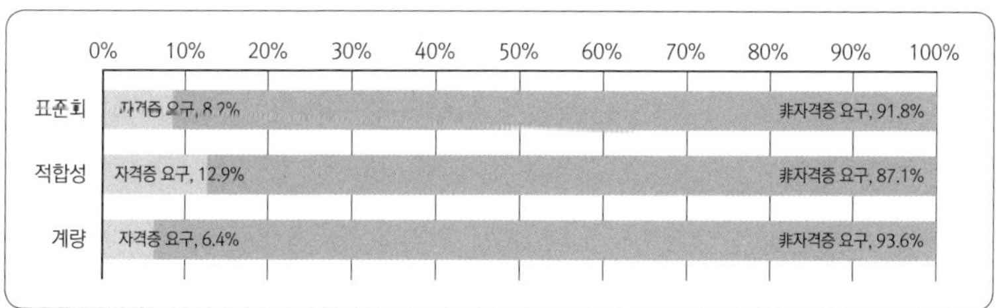

〈표준화 기획평가 부문의 채용공고 해외사례〉

표준전략 수립, 국제·국가표준 제안, 사내 표준라이브러리 구축 등의 업무를 수행
(박사, 이공계, 커뮤니케이션 스킬, 3년 경력)

1) Position Title : Standards Manager [ST01]

〉Description

1. Plan standards strategy;
2. Place technology innovation projects into international or national standards;
3. Participate in the international standards organization, contribute to meetings and related standardization activities;
4. Organize and put forward proposals for international and national standards;
5. Establish international standard library resources for company.

〉Requirements

- Degree: Ph. D
- Major: Science & Engineering
- Experience: 3+ years. Strong communication and coordination abilities demonstrating clear and logical thinking.

〈적합성평가 부문의 채용공고 해외사례〉

신제품 인증획득전략 수립, 제품안전검사 관리, 제품설계 및 평가 시 안전기준 충족 가이드 개발, 인증관련기관 고객관리 및 협력업무 등
(학사, 전기·전자·에너지전공, 5년 이상 경력, 영어 능통)

5) Position Title : Compliance Engineer [CA01, CA04]

〉Description

- According to the R&D and market demand, obtain product certification certificate for the Production Line to make sure orders of product are timely and effectively delivered;
- Organize implementation of production safety system inspection to guarantee the consistency of production and meet factory audit requirement;
- Develop and revise product safety design handbook for guidance of product design and evaluation to ensure zero potential in safety design.
- Promote product safety risk assessment and establishment of safety risk prevention system.
- Maintain files on the related certification agency, manage related affairs, and deal with the communication to and coordination of business with certification agency..

〉Requirements

- Bachelor's degree or above (electronic, electrical, electronics, or engineering majors.)
- 5+ years of work experience; Fluent English skills.

〈계량측정 부문의 교정담당자 채용공고 해외사례〉

계측기의 검교정 담당자
(이공계, 학사, 2년, QMS지식, 영어, 교정, 시험방법, 통계분석기법, 기계장치 작동)

13) Position Title : Internal Calibrator [ME03]

〉Description

- Plan a program of testing and calibration of instruments and equipment in accordance with the scheme, technical guidance, and other specifications.
- Modify component parts and circuit operations to specifications, using precision instruments ujidan equipment.
- Analyze and evaluate calibration results to ensure conformity with the level of use for results of calibration for measuring instruments and inspection.

〉Requirements

- At least 2 years of work experience in a related field is required.
- Possess comprehensive knowledge of ISO 9001:2008 and HACCP.
- English proficiency (writing and reading) preferred.
- Understand calibration, terra and testing method.
- Have knowledge of statistical analysis methods.
- Understand validation and verification of mechanical equipment.

직무능력(NCS)으로 제안하는 것을 추진한다.

또한, 국제적으로는 APEC 등에서 글로벌 표준리더 양성을 위한 전문가의 직무요건과 커리어 로드맵 국제 공동개발을 주도적으로 추진하는 것이 필요하다. 기관별(기업·정부·협단체 등), 산업별(제조·서비스·식약품 등), 특성별(기술·경영·정책) 등 다양성을 감안한 경력비전과 우수사례를 포함하여 개발해야 할 것이다. 개발 시에는 한국 단독보다는 일차적으로 APEC/SCSC, 동북아표준협력체(NEAS) 등 지역기구에서, 이차적으로 ISO, IEC와 같은 국제표준기구에서 주요국 및 신흥국과 협력하여 주도적인 공동개발을 우선적으로 고려할 필요가 있다. 또한, 4차 기본계획에서 제시한 네 가지 과제의 추진 및 해외 주요국과의 공동개발을 위한 정부의 예산투자가 뒷받침되어야 할 것이다.

100%
Chart
2016
2017
2018
2019
2020
2021
2022
2023
10000
1000
100
10
0
2013
2014
2015
2016
2017
254.879744
25314
3543.68

INSIGHT 04.

국내 제조기업은 표준을 어떻게 활용하는가?

글 | 서경미(한국표준협회 표준정책연구센터, leaf@ksa.or.kr)

국가기술표준원과 한국표준협회에서는 매년 3,000개 국내 제조기업을 대상으로 표준화와 관련해 다양한 실태조사를 실시하는 바, 이 글은 2015년에 행한 조사를 집중 분석했다. 이번 조사에 따르면 국내 기업들은 ISO, IEC 등의 국제표준 외에 다양한 해외표준을 활용하는 것으로 나타났다. 이는 정부가 국내기업에게 활용성이 높은 해외표준(ASTM, ASME 등)을 선정, 국가표준으로 부합화하거나 국내에 번역·보급하는 일에 앞장서야 함을 의미한다. 또한 이번 조사에서는 기업들의 R&D 과정에서 표준화 활용과 참여를 확대하기 위해 범부처의 R&D 제도에서 표준화 관련 프로세스 도입과 인센티브 방안을 검토해야 하며, 성공사례를 경험한 기업들의 표준화 전담인력 확충은 물론, 지속적인 표준화 활동이 이루어질 수 있도록 정책적인 뒷받침이 필요한 것으로 나타났다.

※ 이 글은 2016년 9월 한국표준협회가 발간한 KSA Policy Study 2016-5호 '국내 제조 분야의 표준화 실태 주요특성과 시사점'을 칼럼 형태로 재작성한 것입니다. 참고문헌은 한국표준협회(www.ksa.or.kr)에서 확인할 수 있습니다.

국내 제조기업은 표준을 어떻게 활용하는가?

≫ 표준화 실태조사의 배경과 개요

산업표준화법에는 산업표준화 실태조사의 실시가 명시되어 있다(제30조의 2). 이를 위해 산업통상자원부 국가기술표준원과 한국표준협회에서는 매년 3,000개 제조기업을 대상으로 표준화 실태조사를 벌이고 있다.

〈2015년 국내 제조 분야의 표준화 실태조사 개요〉

- 조사목적: 국내 제조업 분야의 표준화 실태를 점검하고 향후 산업계의 표준화 활성을 위한 정책수립에 유용한 근거자료로 활용
- 조사방법: 구조화된 질문지 이용, 개별 방문조사를 원칙으로 운영
- 조사기간: 2015. 11. 25 ~ 2016. 1. 15
- 조사대상·샘플규모: 국내 제조 분야 3,000개사
  ※ 한국표준산업분류(KSIC) 중 제조업(C)에 한정, 하위 23개 분류(담배제조업 제외)를 조사 모집단으로 함
- 홈페이지: 표준화 실태조사 웹사이트(http://kssurvey.or.kr)

≫ 국내 기업들은 주로 '품질관리' 위해 표준 보유

2015년에 실시한 국내 제조 분야의 표준화 실태 조사결과를 보면, 우리나라 기업의 약 70%가 표준을 보유하고 있는 것으로 나타난다. 표준의 보

유 이유는 보유 표준에 따라 상이하게 나타나는데, KS의 경우 '품질관리'(54.4%), '구매자 요구'(24.4%)의 목적으로 주로 활용되고 있다.

해외표준을 보면, 국제표준인 ISO표준은 '품질관리'(64.2%)의 목적이 압도적인 데 비해 IEC표준은 '품질관리'(40.8%) 외에 '구매자 요구'(34.1%), '인증취득'(23.0%) 등 수동적 목적으로 보유하는 비율이 높게 나타난다. 그 외에 ASTM, ASME 등의 사실상 표준은 타 표준 대비 '품질관리'의 목적이 강하며, ANSI, JIS는 '구매자 요구', GB, BS는 '인증취득'의 목적이 상대적으로 두드러진다. 또한 DIN의 경우 'R&D연계'를 위한 활용이 타 표준과 비교하여 상대적으로 높은 편이다.

〈표1〉 표준별 보유 목적

(표준별 보유 응답 기업 base, %, 단수응답)

표준 \ 이유	품질관리	구매자요구	인증취득	R&D연계
ISO(국제표준)	**64.2**	20.1	12.8	0.2
IEC(국제표준)	**40.8**	**34.1**	**23.0**	0.0
KS(한국국가표준)	**54.4**	**24.4**	16.5	2.1
ANSI(미국국가표준)	37.9	**46.7**	10.6	4.9
JIS(일본국가표준)	37.7	**41.6**	11.3	7.5
GB(중국국가표준)	38.8	24.6	**32.5**	4.1
DIN(독일국가표준)	29.0	**47.2**	5.0	**16.3**
BS(영국국가표준)	32.9	**42.9**	**20.6**	3.7
ASTM(미국사실상표준)	**51.9**	31.7	5.7	8.4
ASME(미국사실상표준)	**49.5**	39.4	7.1	4.0
단체표준(국내민간표준)	62.0	26.9	5.5	0.8

〈표2〉에서 보듯 기업이 표준을 보유하지 않는 주된 이유는 '발주처 주문생산 위주'(42.4%), '원청업체 임가공'(38.2%) 등 업무의 단순성 관련이 대

부분이며, '자사제품 관련 표준이 없거나 활용도가 저조'(13.6%)한 것도 주요 이유로 나타난다.

〈표2〉 표준별 미보유 사유

(표준 미보유 응답 기업 base, n=889, %, 단수응답, 기타응답 제외)

	발주처 시방 기반 주문생산 위주	원청업체 요구에 따른 임가공 위주	자사 관련 표준이 부족하거나 표준 활용성 저조	자사 표준에 대한 정보획득 어려움
전체	**42.4**	**38.2**	13.6	3.8

표준정보를 획득하는 채널에 있어서는 '그룹 내 및 협력사 정보'(39.2%)의 비율이 가장 높았다(〈표3〉참조).

〈표3〉 표준정보 채널 이용률

(표준 보유 응답 기업 base, n=2,111, %, 단수응답, 기타응답 제외)

	그룹 내 및 협력사 정보	공공, 민간 기관 보고서	표준화 교육, 세미나	표준 웹사이트
전체	**39.2**	24.0	19.7	16.9

응답 기업 중 154개 기업이 KS표준 활용의 애로사항을 답했는데, '최신기술, 국제표준 내용 미반영'(41.9%), 'KS표준 제·개정 정보 획득 어려움'(36.3%), '주문자, 구매자, 최종소비자의 요구사항 미충족'(28.2%), '어구, 문맥, 내용의 불분명' (20.9%) 등이 거론되었다.

≫ 기업의 임직원이 많을수록 사내표준화 시행률 높아

기업의 표준화 활동은 사내표준화와 사외표준화로 나눌 수 있고, 사외표준화는 다시 단체표준화, 국가표준화, 국제표준화 활동으로 구분된다. 이 중 사내표준화의 경우, 〈표4〉에서 나타나듯 전체 응답 기업의 68.6%에서 사내표준화 활동을 시행 중이며, 종사자 규모가 20명 미만인 경우 시행률은 48.5%에 불과하나 종사가 규모가 500명 이상인 경우는 98.3%에 달해 기업 규모와 직접적 연관성을 보인다. 반면 CEO의 품질마인드가 높아도 사내표준화를 시행하지 않는 경우는 23.8%나 달했다.

〈표4〉 사내표준화 활동 시행 정도

(전체, n=3,000, %)

		현 사업장에서 시행	현 사업장은 아니나 본사에서 시행	미시행
전체		**68.6**	0.8	30.6
종사자 규모	20인 미만	**48.5**	0.6	50.9
	20~99인	**70.0**	0.8	29.3
	100~499인	**89.0**	1.1	9.8
	500인 이상	**98.3**	0.7	1.0
CEO 품질마인드	높음	**75.6**	0.7	**23.8**
	낮음	**44.8**	0.7	54.5

사내표준화 활동을 시행하지 않는 주요 이유로는 '원청업체 스펙에 따라 생산'(62.2%), '생산 공정이 단순하여 표준 불필요'(24.6%), '인적, 재정적 자원 부족'(7.4%), '기존 표준 준용'(4.9%) 등이 언급되었다. 기업 특성별로 살펴보면 '원청업체 스펙에 따라 생산'한다는 응답비율이 1순위로 가장 높으나, 2순위 이유는 기업 특성에 따라 다소 상이하여 벤처기업의 경우 '생산 공정 단순'(22.6%), 수출유망 중소기업은 '기존 표준 준용'(26.7%), 메인비즈기업의 경우는 '인적, 재정적 자원 부족'(24.2%)이라 답변하였다.

〈표5〉 사내표준화 활동 미시행 사유

(사내표준화 미시행 기업 base, n=918, %, 단수응답, 기타응답 제외)

		원청업체 스펙 따라 생산	생산공정 단순, 표준 불필요	인적, 재정적 자원 부족	기존 표준 준용
전체		62.2	24.6	7.4	4.9
기업 특성	벤처기업	**46.4**	**22.6**	16.7	14.3
	이노비즈	**47.5**	14.8	14.8	19.7
	수출유망 중소기업	**53.3**	6.7	6.7	**26.7**
	메인비즈	**54.5**	9.1	**24.2**	9.1

※ 사례수: 벤처기업 n=84, 이노비즈 n=61, 수출유망중소기업 n=15, 메인비즈 n=33

사내표준 준수율은 '반드시 준수함'(24.4%)과 '준수하는 편'(66.3%)으로 전반적 준수율은 90.7% 수준이다. '미준수'를 응답한 경우, 주된 사유로는 '자사 현실에 부적합'(38.9%), '직원 대상의 사내표준 교육 부족'(37.4%), '준수를 하지 않아도 업무에 지장 없음'(35.2%), '절차 불합리, 내용 불명확'(25.4%) 등이 언급되었다.

성문표준 제정 시 해당 표준을 활용할 산업계의 참여와 의견 개진이 매우 중요한데, 조사대상 기업이 사외표준화 활동에 참여하는 비율은 매우 저조

〈표6〉 기업의 표준활동 참여경험

(사내표준화 활동 수행 기업 base, n=2,082, %)

		단체표준화	국가표준화	국제표준화
전체		**4.1**	**1.5**	**1.7**
종사자 규모	20인 미만	0.8	0.8	0.8
	20~99인	4.1	1.1	2.1
	100~499인	2.8	2.0	0.8
	500인 이상	6.5	3.1	2.0

한 것으로 나타났다. 상대적으로 참여 비율이 높은 단체표준의 경우 산업표준화법에서 정하지 않은 범위까지 매우 광범위하게 포함되어 국가·국제표준보다는 참여율이 더 높다고 해석하기에도 무리가 있다. 또한 기업 규모가 클수록 참여율이 약간 높아지는 경향이 있으나 두드러지는 차이는 보이지 않아서 인력과 재원이 상대적으로 안정적인 대기업도 표준화 참여의 중요성에 대한 인식은 미미한 것으로 분석됐다.

≫ 표준화 교육 참여율은 인증 보유와 밀접한 관계

기업에서는 표준화를 위해 '생산제품·공정에 대한 기술적 지식'(40.6%), 'CEO의 관심과 의지'(36.7%) 등의 역량이 필요하다고 인식하고 있다(〈표7〉 참조).

표준화 업무수행능력 제고를 목적으로 하는 내·외부 교육 참여비율은 61.1% 수준이고, 표준화 교육 참여율은 인증 보유 여부와 밀접한 관련을 보이며, 인증 보유 현황과의 교차분석 시 기업의 교육 참여율은 80%를 상회하는 것으로 나타난다.

교육에 참여하지 않는 주된 이유로는 '업무 공백의 우려'(47.4%)가 가장 많았으며, 다음으로 '교육훈련 정보 부족'(31.8%), '교육 프로그램 부재'(22.4%), '직원교육 예산 부족'(22.4%) 등이었다. 구체적인 응답 사례로는

〈표7〉 기업에서 필요하다고 인식하는 표준화 역량

(전체, n=3,000, %, 단수응답)

	생산제품, 공정에 대한 실무자의 기술적 지식	CEO의 관심과 의지	사내표준 내부심사 및 부적합 재발방지 조치 능력	생산제품 관련 표준화 정보 조사능력
전체	**40.6**	**36.7**	14.1	7.9

〈표8〉 표준화 교육 참여율

(전체, n=3,000, %)

		본 사업장에서 수행하여 참여	본사에서 수행하여 참여	미참여
전체		**59.8**	**1.3**	38.8
보유 인증[1]	KC인증	80.5	3.0	16.5
	KS인증	92.3	1.4	6.3
	단체표준인증	88.6	0.0	11.4
	녹색인증	89.8	5.3	4.8
	CCC	98.0	0.0	2.0
	JIS	90.8	4.6	4.6
	ISO 9001	78.6	1.7	19.7
	ISO 14001	83.4	2.0	14.6
	ISO/TS 16949	84.2	3.7	12.2
	K-OHSMS/ OHSAS 18001	91.3	2.8	5.9

〈표9〉 교육 미참여 사유

(교육 미참여 응답 기업 base, n=1,165, %, 복수응답)

	업무 공백의 우려	교육 훈련 정보 부족	교육 프로그램 부재	직원 교육 예산 부족	경영진 무관심	직원의 무관심	필요성 느끼지 못함	교육 기관 부족
전체	47.4	31.8	22.4	22.1	18.9	17.4	6.6	3.1

'부서별 필요인원에 여유가 없어 교육으로 인원을 뺄 수 없음'이란 답변이 다수였고, 그 외에 '공정마다 작업표준을 숙지함', '납품업체 요구에 맞춰 생산함', '교육금액이 부담' 등이 거론되었다.

1. 설문시간 등의 조건을 고려하여 인증별 교육 참여율을 직접 질문하지 않고 표준화 교육 경험과 보유 인증을 교차분석했기 때문에 해석 시 주의를 요함

≫ R&D-표준화 연계 활동 비율 높아

산업계의 R&D에서 표준화는 중요한 역할을 수행한다. R&D는 표준화 동향에 근거하여 기획되어야 하며, 연구개발의 결과로 특허를 출원하는 경우, 표준특허로 구축할 수 있다. 표준특허는 특허를 표준에 포함하여 보급함으로써 해당 표준을 활용할 때 의무적으로 특허 로열티를 지불하도록 하는 고도의 전략으로, 미국이나 유럽 등 표준선진국에서 사업전략의 핵심요소로 활용하고 있다.

〈표10〉에서 보듯 국내 기업들은 R&D에 있어서 '지속적으로 표준화 현황을 파악하고 연구개발에 참고'(47.5%)하는 경우가 가장 많은 것으로 나타났다. R&D 투자 규모에 따른 차이를 보면, R&D 규모가 10억 원 미만으로 상대적으로 적은 경우 'R&D 수행 시 표준화 활동 고려하지 않음'의 비중이 높고, 투자규모가 클수록 '정기적으로 표준화 회의 참여', '표준개발 활동에 참여' 등 상대적으로 적극적인 표준화 활동을 수행하고 있다. 그러나 전반적으로는 표준화 활동에 적극 참여하는 비율은 6% 내외로 미미한 수준을 보이고 있다.

〈표10〉 R&D 과정에서 표준화 활동 수준

(R&D 부서 보유 기업 base, n=1,478, %, 무응답 제외)

		지속적으로 표준화 현황 파악, 연구개발에 참고	표준화 활동에 대해 고려하지 않음	일회적으로 표준 현황조사 실시	지속적으로 표준화 현황 파악, 정기적으로 표준화 회의 참여	해당 기술분야의 표준개발 활동에 적극 참여
전체		**47.5**	**20.7**	12.6	11.8	6.2
R&D 투자 규모	1억 미만	41.1	**34.8**	**14.4**	6.3	3.1
	1~10억	50.6	**21.1**	**13.7**	9.3	4.5
	10~50억	51.8	11.7	7.6	**18.2**	7.0
	50억 이상	40.7	7.0	9.5	**23.9**	**17.0**

R&D 활동에서 표준화가 필요한 주요 이유로는 '표준화를 통해 연구개발 결과를 확산·전파할 수 있음'(35.2%), '연구개발 과정의 기술적 문제를 해결'(34.6%), '연구개발 리스크를 최소화'(16.0%), '타 연구기관과 네트워킹 및 협력연구 기회 마련'(4.6%), '연구개발의 핵심적 평가요소임'(3.3%) 등이 응답되었다.

≫ 기업의 표준 활용성 강화할 종합 커뮤니케이션 채널 필요

기업들이 ISO, IEC 등의 국제표준 외에 다양한 해외표준을 활용하는 것으로 나타난 만큼, 정부는 국내기업에게 활용성이 높은 해외표준(ASTM, ASME 등)을 선정해 국가표준으로 부합화하거나 국내에 번역·보급하는 시스템을 개발해야 한다. 이를 위해 산업분야별 필요 표준을 더 신속하게 시장에 보급할 수 있도록 표준개발 협력기관들의 관심을 촉구하고 국가·민간 표준의 제정을 다각도로 고려해야 마땅하다.

표준화 교육 측면에서는 기업 표준화 활동의 상당부분이 품질활동과 병행되고 표준화 교육은 인증활동과 밀접한 관련이 있으므로, 품질·인증 업무 수행자들을 타깃으로 표준화 교육을 홍보함과 동시에 기존의 품질·인증 교육과 표준화 교육을 혼합하는 교육 커리큘럼이 요구된다. 특히 CEO의 마인드가 기업 표준화에 미치는 영향력이 막대하므로, 표준 유관기관들은 기존의 CEO 대상 교육에서 표준화의 중요성을 강조하는 콘텐츠를 추가하거나 강화할 필요성이 있다. 또한 기업이 '생산제품·공정에 대한 기술적 지식'을 표준화의 주요 역량으로 인식하는 만큼, 표준역량 보유인력의 육성 시에 '분야별 기술적 지식의 기반에서 표준화 역량을 추가'하는 접근법이 필요하고, 아울러 주요 분야를 선정, 집중해야 할 필요가 있다.

기업들의 R&D 과정에서 표준화 활용과 참여를 확대하기 위해 정부는 범부처의 R&D 제도에서 표준화 관련 프로세스 도입과 인센티브 방안을 검토해야 하며, 성공사례를 경험한 기업들의 표준화 전담인력 확충은 물론 지속적인 표준화 활동이 이루어질 수 있도록 정책적인 뒷받침을 내와야 한다.

또한 기업의 정보수집 역량에 따라 표준 관련 정보획득의 편차가 클 것으로 판단되어 기업의 표준 활용성을 강화할 수 있는 종합적 커뮤니케이션 방안이 요구된다. 표준 정보가 제공되는 부처별 커뮤니케이션 채널을 조사하고, 기업들이 해당 채널들을 활용할 수 있는 One-stop 플랫폼을 구축해야 하며, 플랫폼 구축 이후엔 기업의 표준정보 니즈를 추가 분석해 부처 간 업무 중복을 최소화하고 비용 대비 효과를 강화해야 할 것이다.

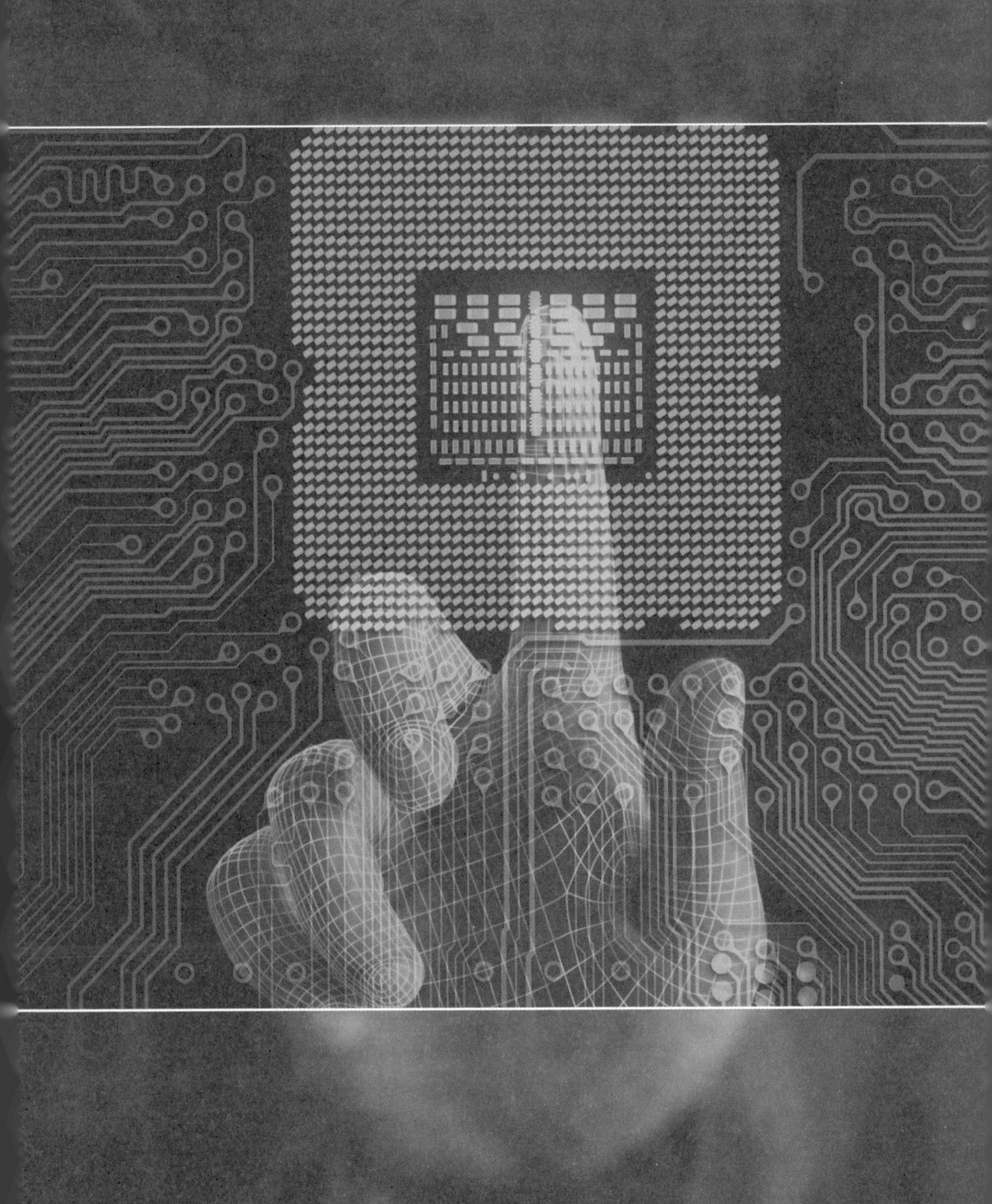

Part 3

스마트 성장을 창조하는 표준

INSIGHT 01.

표준화 정책지원이 필요한 중소기업을 프로파일링한다

글 | 전승표(한국과학기술정보연구원 기술혁신정보센터, spjun@kisti.re.kr)
정재웅(과학기술연합대학원대학교 과학기술경영정책전공, jj@kisti.re.kr)
최산(과학기술연합대학원대학교 과학기술경영정책전공, soullives83@kisti.re.kr)

표준은 호환성 증진, 품질확보에 따른 안정성 증진, 정보제공 등의 긍정적인 기능과 함께 기술혁신을 이끌어낸다. 표준의 순기능이 어떤 특정 기업 집단의 기술혁신 활동이나 사업화에 영향을 주는지 밝히는 것은 표준 관련 정책을 수요집단에 맞춰 적절하게 기획하고 집행하는 것을 가능하게 한다. 따라서 표준정책이 요구되는 중소기업의 특징을 프로파일링할 수 있다면, 정책적·실무적·학문적 효과가 매우 클 수밖에 없다. 이 글에서는 표준정책이 요구되는 기업의 특징을 찾고자 최근 각광받고 있고 인공지능의 기반기술인 기계학습을 활용했다. 여러 중소기업 중에서 R&D를 시작한 동기가 표준에 대응하려는 목적이었거나 기술사업화를 위해 표준이 필요했던 기업을 기계학습 기반의 데이터마이닝으로 찾아내고, 프로파일링 결과에 대한 의미와 시사점을 살펴본다.

※ 이 글은 2016년 한국표준협회가 주관한 〈제4회 표준정책 마일스톤 연구 - R&D, 기술혁신, 그리고 표준〉의 지원을 받아 수행된 연구 논문 '데이터마이닝을 이용한 표준정책 수요 중소기업의 프로파일링 연구: R&D 동기와 사업화 지원 정책을 중심으로'를 칼럼 형태로 재작성한 것입니다. 참고문헌은 한국표준협회(www.ksa.or.kr)에서 확인할 수 있습니다.

표준화 정책지원이 필요한 중소기업을 프로파일링한다

≫ 표준과 중소기업의 관계

정부는 사회문제를 해결하거나 과학기술을 발전시키기 위해서 다양한 정책을 수립하고 집행한다. 특히 시장에서 지식을 창출하고 확산시키는 일련의 혁신과정이 원활하지 않거나 시장의 실패가 예상되면, 정부는 시장에 개입하게 된다. 이런 정부의 대표적인 개입방법 중에 하나가 표준이다. 일반적으로 표준은 신제품이나 신시장이 출현한 뒤에 대두되는 기술적인 이슈 정도로 여겨졌지만, 최근 들어 시장이 점차 글로벌화하고 제품 수명이 단축되면서 표준의 중요성은 점차 높아지고 있다. 또한 표준은 이미 기술의 사업화 성공에도 큰 영향을 주는 요인이 되고 있다.

아울러 표준은 기술혁신과도 밀접히 연관되어 있다. 표준은 그 자체가 하나의 지식으로서 국가혁신시스템(NIS: National Innovation System) 내에서 중요한 역할을 수행한다. 기술혁신 과정에서 표준의 역할은 다양한데, R&D 단계, 생산단계, 시장진입 단계와 혁신확산 단계에서 다양한 역할을 한다. 특히 표준이나 기술인증의 미비는 그만큼 기업의 시장진입을 더디게

하는데, 제품수명 주기가 짧아지는 국제시장에서 경쟁하는 기업들에게 시장진입 지연은 치명적일 수밖에 없다. 따라서 각 기술수명 주기에서 적절하게 활용할 수 있는 기술표준의 확립이 중요하다(성태경, 2009).

최근에는 표준이 기술혁신 활동에 어떠한 영향을 주고받는지 살펴보려는 연구도 진행되기 시작하였다. 2013년과 2014년도에 수행된 중소기업 기술통계조사에 따르면 기술개발을 진행한 기업의 개발 동기 중에서 표준 또는 규제 대응이 차지하는 비중은 5~10% 수준인 것으로 나타났다. 또한 개발기술의 사업화를 위해서 표준 규격이나 인증지원이 필요하다고 대답한 기업은 그보다 더 많은 11~13%에 이르렀다. 만약 우리가 이런 기업의 차별적 특징을 밝혀낼 수 있다면, 어떤 조건의 기업에 표준 대응을 위한 기술개발이 더 많이 필요하며, 앞으로 어떤 기업들에게 표준 규격이나 인증지원이 필요한지 밝힐 수 있을 것이다.

따라서 '기술개발 동기가 국내외 표준 및 규제 대응인 기업과 그렇지 않은 기업은 무엇이 다른가?'와 더불어 '개발기술 사업화를 위한 지원이 국내외 표준 규격이나 기술 인증 지원인 기업과 그렇지 않은 기업과는 정책적으로 무엇이 다른가?'라는 두 가지 관점에서 바라보려 한다. 즉, 이 글에서는 표준활동이 중요한 중소기업은 그렇지 않은 기업과 무엇이 다른지 객관적으로 살펴본다.

≫ 표준화 정책지원이 필요한 중소기업의 비중

국내에서는 이미 지속적으로 다양한 표준 지원사업이 운영되어 왔음에도 중소기업을 대상으로 한 표준대응이나 사업화를 위한 정책은 여전히 미흡한 실정이다. 〈표1〉에 나타난 것과 같이 우리나라 중소기업의 연구개발 동기는 기존 제품의 품질향상이나 생산비 절감이 절대적으로 많았으며, 국내외 표준 및 규제 대응을 위한 연구개발은 상대적으로 비중이 높지 않았다(중복응답 포함 5.5~9.7%). 기술사업화를 위한 표준 및 기술인증 정책에 대한 수요 역시 사업화 자금지원과 같은 다른 정책 수요보다 낮게 나타났다(중복응답 포함 10.9~13.1%).

〈표1〉에 따르면 아직은 중소기업 기술혁신활동과 관련한 표준화 정책지원 수요는 높지 않게 나타났지만, 이미 다른 선행연구들에서 밝혀진 바와

〈표1〉 표준 관련 중소기업 설문결과

연번	설문문항	최근 연구개발 동기				설문문항	기술사업화를 위한 필요 정책			
	설문연도	2013		2014		설문연도	2013		2014	
	구분	빈도	응답률	빈도	응답률	구분	빈도	응답률	빈도	응답률
1	생산비절감 (인건비,원재료)	289	14.5%	501	22.8%	기술평가에 기반한 사업화 자금 지원	1,180	59.0%	1,425	64.8%
2	기존제품의 성능·품질향상	1,319	66.0%	1,439	65.4%	신기술 제품의 우선구매 지원	643	32.2%	633	28.8%
3	모기업의 품질개선 요구	309	15.5%	188	8.5%	시장분석, 사업성 조사 등 컨설팅 지원	588	29.4%	649	29.5%
4	국내외 표준 및 규제 대응	193	9.7%	120	5.5%	생산·양산에 필요한 전문인력 지원	555	27.8%	596	27.1%
5	생산공정의 효율화	187	9.4%	408	18.5%	마케팅 전문인력 양성 지원	382	19.1%	385	17.5%
6	새로운 사업 분야 진출	378	18.9%	281	12.8%	상설전시 및 해외시장 개척 지원	279	14.0%	226	10.3%
7	해외시장 개척 (수출확대)	163	8.2%	154	7.0%	국내외 표준 규격, 기술인증 지원	261	13.1%	240	10.9%
8	시장점유율 확대 유지	329	16.5%	480	21.8%	기타	10	0.5%	9	0.4%
9	수입품 대체 및 국산화	99	5.0%	89	4.0%					
10	제품의 고급화/다양화로 시장수요 대응	593	29.7%	488	22.2%					
11	경쟁으로부터 도태 위협	84	4.2%	99	4.5%					
소계		3,943		4,247		소계	3,898		4,163	
응답자		2,000	100%	2,200	100%	응답자	2,000	100%	2,200	100%

※ 자료: 중소기업청·중소기업중앙회 2013 & 2014

같이 중소기업 기술혁신에서도 표준활동은 매우 중요해지고 있다. 따라서 연구개발이나 기술사업화와 관련된 주요 수요 기업군을 파악해 향후 정책을 진행한다면 보다 효율적인 정책집행이 가능할 것으로 기대된다. 실제로 〈표1〉의 설문결과 중에서 연구개발 동기 설문을 교차분석한 결과에 따르면 표준 및 규제 대응을 연구개발 동기로 선택한 기업은 기대빈도와 비교해서 해외시장 개척이나 새로운 사업 분야 진출을 또 다른 연구개발 동기로 선택한 경우가 많은 것으로 나타났다. 이는 표준에 대응하기 위해서 연구개발을 수행하는 기업은 해외 수출을 목표로 하는 경우가 많다는 특징, 즉 다른 프로파일을 가질 수 있는 가능성을 보여준 것이다. 이는 모든 중소기업을 일반화 또는 동일시하는 정책보다는 표준화 정책지원을 필요로 하는 기업을 프로파일링해서 좀 더 정교한 정책집행이 필요함을 보여준다고 할 수 있다.

≫ 프로파일링의 의미와 작업 시 고려한 요인들

프로파일링의 사전적 의미는 어떤 대상의 개요를 작성하기 위한 자료(정보) 수집을 뜻하는데, 범죄 드라마나 소설을 통해서 범죄유형 분석법의 의미가 더욱 일반화되었다. 하지만 여기서 논의되는 프로파일링은 표준정책을 필요로 하는 기업의 특징을 찾아내고, 이를 바탕으로 표준정책의 수요 기업인지 여부를 판단할 수 있는 논리적 근거를 도출하기 위해서 활용된다. 물론 이는 상대적으로 희소한 표준정책의 수요가 있는 중소기업을 찾는 과정을 프로파일링에 비유한 것일 뿐, 부정적 의미로 사용하는 것은 결코 아니다.

표준정책을 필요로 하는 중소기업을 찾기 위해서는 기존과 같이 목적을 밝히고 설문을 진행할 수도 있지만, 이 경우 제시된 목적이 설문의 결과에 영향을 줄 수 있다. 또한 기계학습 기반의 데이터마이닝(의사결정나무 분석)을 유의미하게 분석하기 위해서는 1,000건 이상의 대규모 설문조사가 필요하다. 그래서 2013년도 '제6차 중소기업 기술통계조사' 결과와 2014년 7차 조사 자료를 활용했는데, 이 조사들은 중소기업기술혁신촉진법 제8조(중소기업 기술통계의 작성)에 근거하여 중소기업청과 중소기업중앙회에서 매년 실시하고 있다. 2013년 설문 조사의 모집단은 종사자수 5인 이상 300인 미만의 제조업 및 제조업 외 기업 중에서 기술개발을 수행하고 있는 중소기업 38,288개사(제조업 30,864개사, 제조업 이외 업종 7,424개사)이다. 이 중에서 2012년 12월 31일 현재 기준으로 기술개발을 수행하고 있는 2,000개 중소기업(제조업 1,628개사, 제조업 이외 372개사)을 표본추출하여 방문조사를 통해 기술혁신활동, 투자현황 및 기술수준, 기업성과 등을 조사했다(중소기업청·중소기업중앙회, 2013). 2014년 자료 역시 유사한 방법으로 조사되었으며, 2,200건의 설문조사 결과를 바탕으로 하고 있다.

이 설문에서 표준정책이 요구되는 중소기업을 프로파일링하기 위해서 먼저 집단을 구분하는데, 우선 연구개발에 주력하는 기업 집단과 다른 연구개발 동기를 가진 기업들을 구분했다. 또한 기술사업화를 위해서 표준정책을 필요로 하는 기업과 다른 정책을 원하는 기업을 구분해서 각각의 서로 다른 특징을 프로파일링했다.

여기서 프로파일링에 활용할 특징을 선택해야 하는데, 개발지원 정책이 지향하는 기술혁신 성과(기술적 성과)로는 기술개발 성공률 제고나 지재권 확보, 기술경쟁력 강화 등을 고려했으며, 경제적 성과로는 성장성(매출액), 수익성(영업이익), 생산성 지표 등을 고려했다. 다음으로 투입 요소나 기술능력에 대한 것으로, 연구개발비에는 정부지원 자금이나 자체조달 자금이 차지하는 비중도 영향요인으로 고려했다. 또한 기술적 성과 또는 역량이라는 측면에서 특허보유(국내, 해외)는 물론 최근의 특허출원 건수, R&D 시도·진행·성공 건수, 제품화 진행·성공 건수, 국내외 지재권 보유 건수 등도 영향요인으로 고려했다. 그 밖에 기술혁신에 많은 영향을 준다고 알려진 산업분류(표준산업분류, 신기술 분야, 생산기반 분야), 세계대비 기술기획·신기술개발·제조가공·시험검사 능력, 업력(설립연도), 기업규모(종업원) 등도 고려되었는데, 총 40개 설문 문항을 프로파일링을 위한 잠재적 특징으로 보고 분석을 수행했다.

≫ 표준 및 규제 대응을 위해 R&D를 수행하는 중소기업의 프로파일링

2013년도 설문 응답자 2,000명의 데이터와 2014년도 설문 응답자 2,200명을 각각 분석했는데, 11가지 기술개발 동기 중에서 국내외 표준 및 규제 대응을 두 번째 우선순위까지 동기로 선택한 실험집단(개발동기 - 표준 대응)과 다른 연구개발 동기를 선택한 대조 집단으로 구분하였다. 2013년 설문의 분석결과는 〈그림1〉과 같다.

〈그림1〉 표준 대응 연구개발 기업군에 대한 의사결정나무 분석결과(2013년)

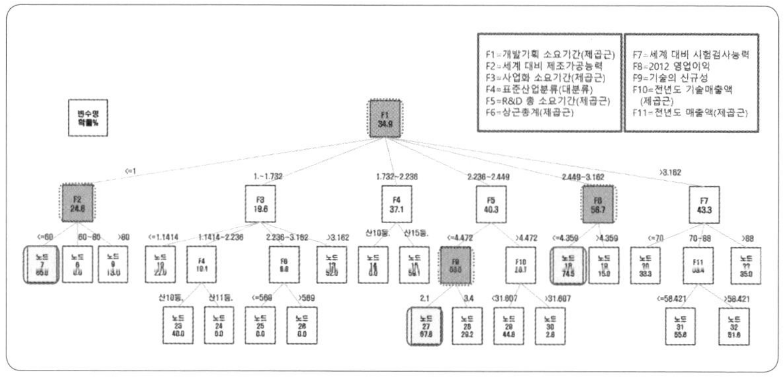

개발기획 소요기간, 시험검사능력, 상근인력수, 개발소요기간, 기술의 신규성, 표준산업분류 등이 40개의 변수 중 유의미한 영향 요인으로 나타났으며, 특히 기획단계 소요기간과 상근인력이 중요해서 기획단계 기간이 6~10개월 소요된 기업은 상근인력이 19명 이하인 경우 상근인력이 20명 이상인 기업보다 특히 연구개발 동기가 주로 표준에 대응하기 위해서인 것으로 나타났다. 그 밖에 보다 짧은 기획 소요 기간에서 총 소요기간이 20개월 이하면서 기술의 신규성이 높은 경우와 사업화 소요기간이 10개월 미만인 경우는 신기술개발 능력이 세계 최초에 가까운 경우도 표준 대응을 위한 연구개발이 많았고, 오히려 개발기획 기간이 1개월 이하인 경우도 세계대비 제조능력이 낮을수록 표준 대응을 위한 연구개발을 많이 하는 것으로 나타났다.

2014년 설문의 분석 결과는 〈그림2〉와 같았으며, 산업분류코드, 사업화능력, 업력, 제품 수명, 생산기술 분야, 상근종업원수, 개발기획 소요기간, 모방소요 기간 등이 40개의 변수 중에서 표준 대응 연구개발 기업군을 분류하는 데 유의미한 영향 요인으로 나타났다. 특히 개발기획 단계 소요기간과

〈그림2〉 표준 대응 연구개발 기업군에 대한 의사결정나무 분석결과(2014년)

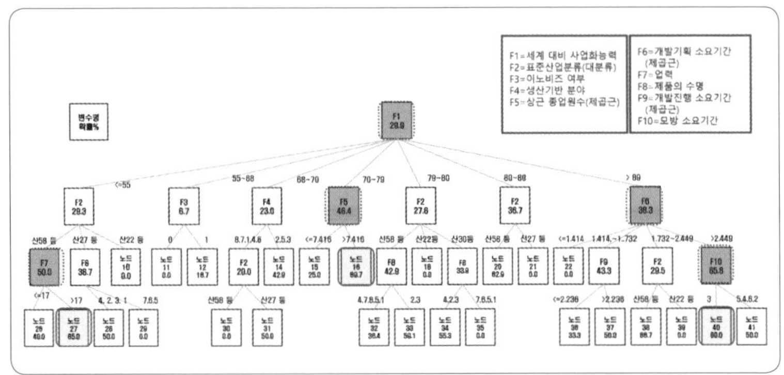

모방 소요기간이 중요해서 세계대비 사업화 능력이 매우 높은 기업 중에서 기획단계 소요기간이 6개월 이상인 경우에서 모방 소요기간이 6개월~1년 사이인 기업에서 연구개발 동기가 표준 대응인 경우가 두드러지게 많은 것으로 나타났다. 그 밖에 세계대비 사업화 능력이 매우 낮은 기업 중에서는 특정 표준 산업분류에 해당되는 경우 업력이 17년 이상인 기업의 경우도 표준 대응을 위한 연구개발이 많았다.

종합하면 2013년 설문을 기반으로 한 데이터마이닝 분석결과에서는 전반적으로 표준 대응을 위한 연구개발은 기획 기간이 길어질수록, 신규성이 높을수록(세계 최초 또는 국내 최초이면서 선진국 일부 시도), 상근 인력이 적을수록 표준대응을 위한 연구개발이 활발했다. 또한 특정 산업분류에 따라서 연구개발 동기에 차이가 있는 것으로 나타났지만, 그 일관성이 두드러지지는 않았다. 다만 인쇄 및 기록매체 복제업, 자동차 및 트레일러 제조업, 컴퓨터 프로그래밍 등에서 표준 대응 개발이 많은 것으로 나타났다. 2014년 설문결과를 기반으로 한 모형에 따르면 표준 대응을 위한 연구개발은 기획 기간이 길어질수록, 제품수명은 짧으며(2~5년), 특정 산업분류(예를 들면 건축기술, 엔지니어링 및 기타 과학기술서비스업, 소프트웨어 개발 및 공급업 등)에 속해 있는 경우 표준 대응을 위한 연구개발이 활발했다.

2013년과 2014년에서 모두 표준산업분류가 유의미한 영향을 주고 있었으며, 특히 기술개발을 위한 기간이 많이 소요되는 세계 최초 기술을 연구하는 기업이 표준에 대응하기 위한 연구개발이 많은 것으로 나타났다.

≫ 기술사업화를 위한 표준정책지원 수요 중소기업의 프로파일링

이번 프로파일링에서는 7가지 개발기술 사업화를 위한 지원정책 중에서 국내외 표준 규격, 기술인증 지원 정책을 우선순위 두 번째까지 선택한 실험 집단(지원정책 - 표준 및 인증)과 다른 지원 정책을 선택한 대조 집단으로 구분하였다. 2013년 설문기반의 분석결과는 〈그림3〉과 같았으며, 표준산업분류(대분류), 개발기획 소요 기간, 주거래처, 기획능력, 모방소요 기간 등이 40개의 변수 중에서 유의미한 영향 요인으로 나타났다. 그리고 표준산

〈그림3〉 기술사업화 표준정책지원 수요 기업군에 대한 의사결정나무 분석결과(2013년)

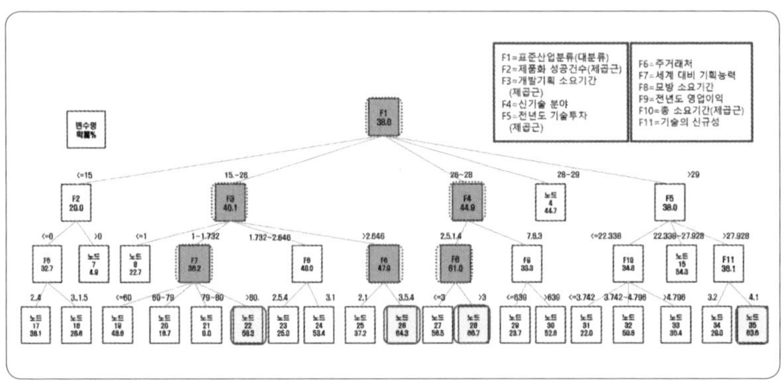

〈그림4〉 기술사업화 표준정책지원 수요 기업군에 대한 의사결정나무 분석결과(2014년)

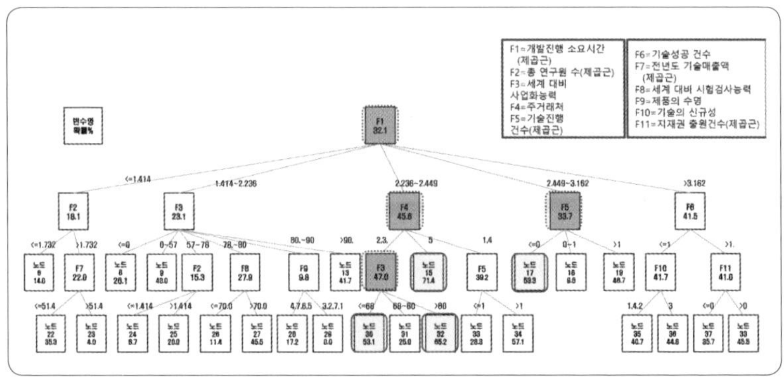

업분류 중 대분류, 개발기획 소요 기간 그리고 주래처가 중요한 특정 산업분류이면서 개발기획 소요 기간이 7개월 이상이고, 주거래처가 해외, 공공기관 그리고 개인 소비자인 기업의 경우가 표준지원정책의 필요성을 크게 생각하는 것으로 나타났다. 그 밖에 특정 신기술 분야에서 모방 소요 기간이 길거나, 개발기획 소요 기간이 짧아도 세계대비 기획 능력이 80% 이상인 기업도 표준 지원의 정책 수요가 높았다.

2014년 설문기반 분석결과는 〈그림4〉와 같았으며, 개발소요기간, 시험검사 능력, 사업화 능력, 주거래처, 기술개발 진행 건수 등이 40개의 변수 중에서 유의미한 영향 요인으로 나타났다. 특히 개발진행 소요기간과 주거래처가 중요해서 개발진행 소요기간이 5~6개월(보통 수준)이면서 주거래처가 해외인 경우는 표준 지원정책에 대한 필요성이 높은 것으로 나타났다. 그 밖에 주거래처가 중소기업이나 일반소비자를 대상으로 하거나 사업화 능력이 세계대비 80% 이상인 기업 역시 표준 지원정책 수요에 대한 비중이 높게 나타났다.

종합하면 2013년 설문을 기반으로 한 데이터마이닝 분석결과에서는 전반적으로 표준관련 정책지원 수요는 산업분류에 따라 차이가 나타났으며, 개발기획 소요기간이나 모방소요 기간이 길고, 신기술 분야(BT, IT 등)인 경우 표준정책지원 수요가 높았다. 아울러 주거래처가 국내보다는 해외나 공공기관 또는 개인 소비자인 경우도 표준 규제나 기술인증 지원 정책에 대한 수요가 높았다. 2014년 설문 기반의 모형분석 결과를 보면 전반적으로 표준관련 정책지원 수요는 기술개발 소요 기간이 길고, 주거래처가 해외인 수출 중심 중소기업에서 역시 수요가 높았다. 2013년과 2014년에서 모두 주거래처가 유의미한 영향을 주고 있었으며, 특히 기술개발이나 사업화 기간이 많이 소요되는 기술을 연구하는 기업이 기술사업화를 위한 표준이나 기술인증 정책지원을 원하는 것으로 나타났다.

≫ 프로파일링 기반의 표준 대응 R&D 중소기업 예측 모델 제안

표준이나 규제에 대응하기 위한 연구개발 중소기업 예측 모델은 관련 응답이 더 많았던 2013년 설문결과를 바탕으로 진행했으며, 경영학에서 자주 쓰이는 판별분석 방법을 활용했는데, 데이터마이닝(의사결정나무 분석)에서 유의미하게 제시된 11개의 독립변수를 바탕으로 예측 모델을 개발했다. 개발된 예측 모델은 다음과 같다. 비수요군의 중심점은 -0.253로, 고수요군 중심점은 0.474로 나타나서 다음 판별식을 활용하면, 새로운 기업의 연구개발 동기에서 표준정책의 수요군에 가까운지 여부를 쉽게 비교하거나 판단할 수 있다.

> 표준 대응 연구개발 기업 (정준)판별식 = 1.312×개발기획 소요기간(제곱근) + 0.601×사업화 소요기간(제곱근) - 0.747×개발 총 소요 기간(제곱근) - 0.007×기술매출액(제곱근) + 0.443×기술 신규성(세계 최초) 여부(0.1) + 0.014×세계대비 시험검사능력(%) - 0.026×세계대비 제조가공능력(%) - 0.120

≫ 프로파일링 기반의 기술사업화 표준정책이 요구되는 중소기업 예측 모델

기술사업화 표준정책이 요구되는 중소기업 예측 모델은 상대적으로 최근 진행된 2014년 설문결과를 바탕으로 진행했다. 이 역시 판별분석 방법을 활용했는데, 데이터마이닝(의사결정나무 분석)에서 유의미하게 제시된 12개의 독립변수를 바탕으로 예측 모델을 개발해 보았다. 개발된 예측 모델은 다음과 같은데, 비수요군의 중심점은 -0.176이고, 고수요군 중심점은

0.360으로 나타나서 다음 판별식을 활용하면, 새로운 기업이 기술사업화에서 표준정책의 수요군에 가까운지 여부를 쉽게 비교하거나 판단할 수 있다.

> 기술사업화 표준정책지원 선호 (정준)판별식 = 1.962×주거래처 해외 여부(0.1) + 0.761×개발진행 소요기간(제곱근) + 0.290×총 연구원 수(제곱근) - 0.005×기술매출액(제곱근) + 0.160×제품의 수명(1~7단계) - 0.006×세계대비 사업화 능력(%) - 0316×개발기획 소요기간(제곱근) - 2.087

이상에서 제시된 두 가지 판별식은 분석 대상 설문과는 전혀 다른 3,300개 기업 설문결과를 토대로 검증해 보았는데, 제시된 모형의 예측력이 우수함을 확인할 수 있었다.

≫ 예측 모델 개발의 시사점과 활용방안

이상에서 우리는 중소기업을 위한 표준정책 수립을 위해 표준이 요구되는 중소기업의 프로파일링 결과를 살펴보았다. 앞서 적용된 방법은 기존의 이론 중심의 연역적 접근방법과 최근 빅데이터 분석으로 각광받는 데이터 중심의 귀납적 접근방법을 혼합하여 각각의 장점을 활용한 방법이다. 먼저 데이터 중심의 접근(데이터마이닝)으로 표준정책이 요구되는 중소기업의 프로파일링을 진행했는데, 기존의 이론중심 연구에서 거의 주목받지 못했던 새로운 변수를 찾을 수 있었다. 대표적인 변수가 연구개발 기간이다. 즉, 기존 연구에서 R&D 기획기간, 사업화 소요기간과 같은 변수에 대해 거의 주목하지 않았고, 오히려 매출액이나 특허와 같은 변수에 보다 주목했던 것이 사실이다. 앞서 제시된 결과는 (기술)매출액과 같이 기존 연구에서 주목한 변수 외에 기획기간이나, 세계대비 시험검사능력과 같은 새로운 변수를 데이터마이닝을 통해 찾았다. 또한 고전적이고 강건한 분석결과를 제공할 수 있는 판별분석을 활용해서 변수 간의 관계를 이해할 수 있고, 수요 기업 예측에도 실무적으로 활용할 수 있는 모형을 제시해 보았다.

앞서 제시된 방법과 결과는 다양하게 활용할 수 있다. 예컨대, 제시된 데이터마이닝(의사결정나무 분석) 결과나 판별분석이 제시한 예측 모형을 활용한다면, 어떤 기업의 연구개발에서 표준이 얼마나 중요한 역할을 하는지 예측할 수 있게 된다. 예를 들어 앞서 도출된 주요 변수에 대한 기업의 정보를 가진다면 그 기업이 표준에 대응하기 위해서 기술개발을 할 기업인지 예측하고 기술사업화를 위해서 표준 규격이 얼마나 필요한 기업인지 예상할 수 있는 것이다. 이런 정보는 개별 기업의 기술혁신을 지원할 때 선정여부를 판단하거나 지원정보의 종류를 결정할 때 매우 결정적이고 객관적인 보조자료로 활용될 수 있고, 나아가 정책사업의 성공률을 제고하는 데도 도움을 줄 수 있다. 또한 앞서 살펴본 결과는 정부의 표준정책 효율화에도 이바지할 것으로 기대된다. 즉, 특정 기업 및 산업에 맞춤형 서비스를 제공하거나, 정책사업의 표적 마케팅에 활용해서 정책 수행의 효율성을 높일 수도 있다. 그리고 제시된 결과들은 행정 간소화에도 활용될 수 있다. 이미 표준 규격이나 인증지원사업의 기업 선정에서는 기업의 일반적인 특징(지역, 규모, 기술 분야, 대표자 성별 등)과 기술적 성과(보유기술의 연구개발 실적 등)를 다수 기재하고 있다. 그러나 앞서 제시된 결과에 따르면 다른 요인들이 더 중요할 수 있음을 알려준다. 따라서 앞서 제시된 결과를 활용한다면, 기존의 불필요한 신청서 기재 정보는 줄이고, 오히려 필요한 정보를 추가할 수 있을 것이다.

이런 연구방법과 활용 가능성을 바탕으로 다양한 정책 시사점도 생각해 볼 수 있는데, 먼저 앞서 제시된 결과는 중소기업을 위한 표준정책 수립에서 정책 당국은 기존의 전문가 기반의 정책과 더불어 증거기반 정책(evidence driven policy)도 가능해질 수 있다는 것을 주장한다. 또한 이런 증거기반 정책이 가능하기 위해서는 대규모 설문조사가 정기적이고 계획적으로 수행되어야 한다는 정책적 시사점도 제공한다.

제시된 여러 가지 결과 중에서 국가혁신체제(NIS) 차원의 시사점을 제공하는 부분도 존재했다. 표준화 정책지원이 요구되는 기업의 프로파일링 결과에 따르면 연구개발 동기에는 표준산업분류가 유의미한 차이를 보였고, 특히 연구개발 기획기간과 기술의 신규성이 특징으로 나타났다. 따라서 산업별 특성은 물론, 더 나아가 연구기획, 지원, 수행, 평가의 R&D 전 단계에 걸친 정부의 의사결정에 있어 표준대응 활동들을 적극적으로 반영해야 한다는 점을 보여주었다. 또한 기술사업화 표준정책이 요구되는 기관의 프로파일링 결과를 보면 주거래처가 해외인 경우와 사업화에 시간이 많이 소요되는 기업에서 표준화 정책지원 수요가 높게 나타났다. 따라서 수출기업을 위한 연구개발 지원사업에 맞는 표준수립 정책이 연계되어야 함을 다시 한 번 확인할 수 있었다. 마지막으로 이상에서 제기된 주장은 같은 표준정책의 수요라는 주제에서도 연구개발 동기와 기술사업화라는 측면에서 중소기업의 프로파일링이 서로 다르게 나타났기에, 기업의 특징이나 상황에 따른 맞춤 정책이 필요하다는 점을 새삼 일깨워준다.

Apr
May
Jun
Jul
Aug
Sep

INSIGHT 02.

중소기업의 표준화 집중도가 기업의 매출에 미치는 영향

글 | **강광욱**[울산과학기술대학교(UNIST) 경영학부, gangk@unist.ac.kr]

표준화와 연구개발에 대한 투자는 중소기업의 운영과 방향성을 결정짓는 두 가지 주요한 전략이다. 이 글은 중소기업의 표준화에 대한 투자가 기업의 매출성과에 어떤 영향을 미치는지 알아보려는 것이다. 특히 표준화 집중도를 살펴보는 것은 물론 연구개발에 대한 집중도까지 함께 고려해, 기업의 매출에 어떤 영향을 미치는지 분석했다. 이를 위해, 2013년 한국표준협회에서 수행한 한국표준조사를 바탕으로 정보통신산업과 전기전자산업에 속하는 821개 기업을 대상으로 회귀분석을 수행했다. 그 결과 중소기업의 연구개발 집중도 대비 표준화에 대한 투자는 기업의 매출 성과에 U자 형태의 비선형 관계로 나타났다. 이 연구결과는 중소기업의 경우, 표준화에 대한 집중도 혹은 연구개발에 대한 집중도가 골고루 균형을 갖추는 것보다는 둘 중 하나에 집중하는 것이 매출에 도움이 된다는 것을 시사한다.

※ 이 글은 2016년 한국표준협회가 주관한 〈제4회 표준정책 마일스톤 연구 - R&D, 기술혁신, 그리고 표준〉의 지원을 받아 수행된 연구 논문 '중소기업의 표준화 집중도가 기업의 매출성과에 미치는 영향'을 칼럼 형태로 재작성한 것입니다. 참고문헌은 한국표준협회(www.ksa.or.kr)에서 확인할 수 있습니다.

중소기업의 표준화 집중도가 기업의 매출에 미치는 영향

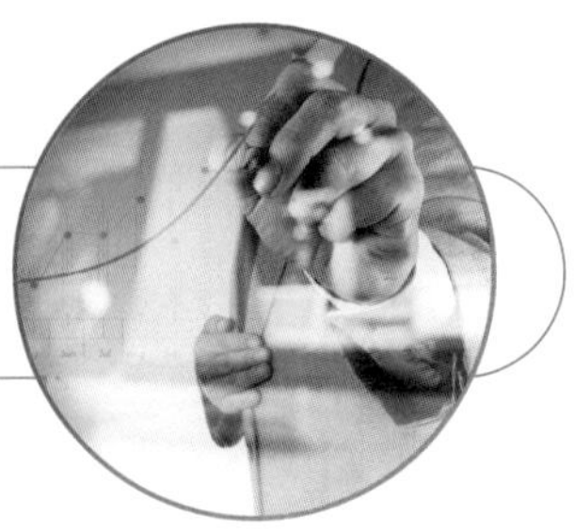

최근 들어 표준은 많은 산업에서 기업의 주요 역량으로 평가받고 있으며, 특히 표준 중심의 경쟁이 심화되는 산업의 경우 기업의 운명을 결정짓는 요인으로 여겨진다. 산업에서 기술의 변화속도가 빨라지고 기술의 복잡도가 증가함에 따라서 기술표준과 시장의 성과는 갈수록 긴밀해지고 있다. 산업에서 표준은 표준 조직 혹은 시장을 먼저 선점한 기업을 통해 사실상의 표준이 되면서 정해지게 된다. 이러한 표준 선점은 기업이 시장에서 독자적인 혹은 지배적인 위치를 차지했음을 의미한다. 따라서 기업의 표준활동은 기업의 성패를 결정짓는 주요한 요인이라 할 수 있다.

이러한 표준화에 대한 투자는 기업이 처해진 상황이나 산업의 발전 단계에 따라서 두 가지의 의미를 지닌다. 첫째는 기업이 산업에서 정해진 사실상의 표준을 따라간다는 의미이다. 산업에서 사실상의 표준이 정해지게 되면 그 표준을 바탕으로 점진적 혁신을 수행하게 되는데, 이 시점에서 기업이 경쟁을 하거나 새롭게 시장에 진입하는 경우는 사실상의 표준을 이해하는 것에서부터 시작된다. 둘째는 기업이 사실상의 표준을 이끌기 위해 표준

투자를 감행한다는 의미이다. 이 경우는 산업에서 아직 사실상의 표준이 존재하지 않을 때 기업은 해당 산업에서 사실상의 표준을 만들기 위해 표준에 대한 투자를 수행한다. 만일 기업이 사실상의 표준 제시에 성공한다면 그 기업은 실질적으로 선점자 우위(first mover advantages)를 누릴 수 있게 된다. 이처럼 표준은 기업의 운명을 좌지우지하는 중요한 요인이지만 아직까지 제대로 된 실증적 조사가 이루어지지 않았다.

최근까지 대부분의 연구들은 기업의 표준활동에 대한 조사보다는 연구개발(R&D) 활동에 초점을 맞추고 있다. 최근 들어 기업의 표준활동에 대한 연구가 점차 증가하고 있으나 현재까지의 연구는 특정 표준화에 대한 사례 조사에 머물거나, 아니면 국가적 경제적 파급효과를 연구하는 거시적인 형태의 연구에 집중되고 있다. 특히 기업의 표준활동과 연구개발 활동이 상호보완적인 관계인지, 상호배타적인 관계인지는 아직까지도 의견이 분분한 실정이다. 따라서 기업의 표준활동과 연구개발 활동의 관계에 있어 기업의 전략적 선택에 대한 연구가 필요하다. 특히 아직까지 기업의 역량이 제대로 갖추어지지 않은 중소기업의 경우엔 표준활동과 연구개발 활동 사이의 선택에 대해 보다 심도 있는 연구를 수행할 필요가 있다.

이 연구의 목적은 중소기업의 표준활동과 연구개발 사이의 자원배분 전략이 기업의 매출성과에 어떤 영향을 미치는지 살펴보려는 것이다. 일반적으로 중소기업의 경우 대기업과는 달리 작은 기업의 한계점(liabilities of smallness)을 가지고 있다. 따라서 중소기업은 두 가지 활동을 적극적으로 진행하는데, 기업의 규모상 한계를 가질 수밖에 없다. 따라서 그 전략의 수립이 기업의 성패를 좌우하는 중요한 활동이라 할 수 있다. 이를 위해 이 연구에서는 한국표준협회에서 수행한 2013년 한국표준조사 자료를 활용하였다. 한국표준조사는 정보통신산업 및 전기전자산업에 속해 있는 중소기업 1,000개를 표본으로 자료를 수집했는데, 이 연구에서는 필요한 정보를 모두 포함한 821개 업체를 그 대상으로 해서 회귀분석을 수행하였다.

≫ 이론적 배경 및 가설 설정

혁신과 표준활동은 학자들에 따라서 주로 별개의 건으로 논의되어 왔으나, 실제로 많이 혼재되어 있다. 특히 Anderson and Tushman(1990)의 기술변화의 순환모형의 경우 지배적 디자인(dominant design)을 중심으로 기술변화의 양상을 두 개의 단계로 표현하고 있다. 산업에서 지배적 디자인이 등장하기 전의 시대를 발효의 시대(era of ferment)라고 정의하고, 그 이후의 시대를 점진적 변화의 시대(era of incremental change)라고 정의한다. 즉 지배적 디자인의 등장이 기술을 변화시키는 주요한 사건이라고 볼 수 있는데 이런 지배적 디자인의 관점에 따라서 사실상 표준의 등장이라고 표현하기도 한다. 즉, 산업에서 일반적으로 널리 받아들여지는 표준을 중심으로 기술의 전략적 변화가 일어난다는 의미이고, 이는 기업의 입장에서는 각 단계별로 다른 전략을 추구해야 한다는 뜻이기도 하다.

이와 유사하게 Utterback and Abernathy(1975)는 표준이 혁신의 두 가지 패턴에도 영향을 미친다고 주장한다. 즉, 제품 혁신의 경우 표준화를 통해서 모듈화된 제품을 생산함으로써 제품의 제조원가를 낮추는 장점을 가져올 수 있고, 또한 규모나 범위의 경제를 보다 원활히 획득할 수 있다. 이와 유사하게 프로세스 혁신의 경우도 특정 제조 과정을 표준화하여 공유함으로써 규모나 범위의 경제를 달성할 수 있다는 의미도 된다.

산업수준이 아닌 기업의 제품 수준에서도 표준의 역할은 중요하다. 기업의 경우 주어진 환경에 따라서 제품의 라인(product line)을 조절하여 경쟁력이 있는 제품을 생산하기 위해 제품 전략을 지속적으로 수립한다. 기업은 제품의 라인을 늘림으로써 범위의 경제를 달성하여 제품의 제조 원가를 낮추는 등의 장점을 가질 수 있다. 이러한 범위의 경제를 달성하기 위해서는 제품의 주요 부품에 대한 표준화를 통해서만이 가능하다. 이렇듯 표준은 거시적 수준뿐 아니라 기업의 전략 수준에까지 영향을 미친다.

≫ 중소기업 표준화 활동의 장단점

기술이 발전함에 따라서, 표준은 새로운 제품이나 프로세스의 성과, 일관성, 안정성을 보장한다. 이러한 표준의 장점은 제품의 호환성과 상호운영 가능성은 물론, 규모의 경제와 네트워크 효과에 기인한다. 표준은 다른 제품의 호환을 결정함에 있어서, 서로 다른 제품을 출시하는 데 따른 불이익을 완화시키는 역할을 한다. 이는 소비자 입장에서도 표준에 따른 제품을 소비함으로써 전체적인 제품의 가격을 낮출 수 있다는 의미이기도 하다.

중소기업의 경우, 불확실성이 높은 연구개발과는 달리 상대적으로 불확실성이 제거된 표준화된 제품군에 투자함으로써 작은 투자로 높은 성과를 기대할 수 있다. 또한 중소기업은 연구개발에 성공한다고 하더라도 이를 제품으로 출시하고 마케팅을 수행하는 데 한계를 겪게 된다. 따라서 표준화 활동을 통해서 새로운 틈새시장(niche market)을 발견하고, 이에 집중한다면 보다 높은 성과를 기대할 수 있다. 앞서 기업의 표준화 활동의 장점을 언급하였으나, 표준화 활동은 막상 실행에 들어가면 적잖은 어려움이 따른다. 표준(특히, 사실상 표준)은 관련된 모든 기업의 (비)공식적 합의절차를 통하여 결정된다. 다시 말해, 이는 표준을 대체할 만한 다른 혁신적 해결책을 방해한다는 의미도 된다. 따라서 표준은 때로는 기존 기술에 대한 락인(lock-in) 현상을 발생시키기도 한다. 이러한 락인 효과는 새로운 시장이 생성되었을 때 기업의 경쟁력을 약화시키는 역할을 하게 된다.

즉, 표준화 활동에는 장단점이 공존한다는 의미이다. 따라서 중소기업의 경우 단순히 표준활동에 대한 투자를 늘리는 것이 기업의 성과로 바로 나타나지 않는다. 따라서 이 연구에서는 표준활동과 기업의 매출성과가 일정한 선형의 관계를 가지지 않고 비선형의 관계가 있음을 보이고자 한다.

≫ 정보통신·전기전자산업 1,000개사 분석

이 연구는 한국표준협회에서 수행한 2013년도 한국표준조사를 바탕으로 했고, 한국표준조사는 정보통신산업과 전기전자산업에 속한 1,000개의 중소기업을 대상으로 대면조사, 전화, 이메일 등의 방법으로 이루어졌다. 기업은 계층샘플(stratified sampling) 방법을 이용해 선정했다. 불완전한 정보를 제거하고 최종 821개 기업의 정보를 바탕으로 분석을 수행했다.

총 821개 중에서 48.5%가 전기전자산업에 속하였고, 나머지 51.5%가 정보통신산업에 속하였다. 정보통신산업에 속한 기업은 매출에 약 48%를 연구개발에 투자하고 있었으며, 약 2.4%를 표준활동에 투자하고 있었다. 전기전자산업에 속한 기업의 경우 매출에 약 46%를 연구개발에 투자하고 있었으며, 약 1.4%를 표준활동에 투자하고 있었다. 즉, 소속 산업에 따라서 연구개발 및 표준활동에 대한 투자의 정도가 다름을 알 수 있었다. 표본 기업의 평균나이는 14.6년이었으며, 평균적으로 70.16명의 종업원을 보유하고 있었다. 표본 기업에 대한 회귀분석 결과, 기업의 연구개발투자 대비 표준활동에 대한 투자는 기업의 매출성과에 U자형의 비선형관계를 보여주었다.

≫ 중소기업은 표준활동과 연구개발 중 하나에 집중해야

기업의 표준활동과 연구개발에 대한 투자는 기업의 기술적 역량을 결정짓는 주요한 전략이다. 특히, 자원이 풍부하지 않은 중소기업의 경우 표준활동과 연구개발 중에서 어떤 선택을 하느냐는 그 기업의 운명을 결정짓는 중요한 의사결정이 된다. 이 연구에서는 중소기업의 경우, 대기업과 달리 표준활동과 연구개발 활동이 상호보완적인 것이 아니라 상호배타적으로 작용하여 두 활동의 적절한 균형보다는 하나의 활동에 집중적으로 투자하는 것이 기업의 매출성과에 긍정적인 영향을 미친다고 결론지었다.

대기업의 경우 산업을 이끌 수 있는 선도제품을 생산하여 그들의 우월한 시장지위를 유지하는데 그 주요한 목적이 있다. 따라서 대기업의 경우 연구개발에 대한 투자를 통하여 선도기술을 바탕으로 시장을 잠식하는데 목적이 있으며, 이후 표준활동을 병행하여 해당 선도기술이 산업에서 사실상의 표준이 되는데 중점을 두고 있다. 즉, 대기업의 경우, 연구개발 활동과 표준활동을 병행하여 산업에서 지배적인 위치를 차지하는 데 그 주요한 목적이 있다.

반면에 중소기업의 경우, 이러한 전략으로 대기업과 직접적인 경쟁을 하는 데는 무리가 따른다. 이는 중소기업의 특징인 자원의 희소성과 경력의 미천함이 그 이유가 될 수 있다. 따라서 대기업과 같이 두 가지 활동을 병행하기보다는 하나의 활동에 집중함으로써 그 경쟁적 우위를 가질 수 있을 것이다.

아울러 이 연구에서는 표준활동에 대한 투자가 이루어진다면 어떠한 표준활동이 매출성과에 도움이 되는지를 분석하였다. 그 결과 중소기업의 경우 국제표준 활동보다는 국내표준 활동에 집중하는 것이 매출성과에 긍정적인 영향을 미치는 것으로 나타났다.

INSIGHT 03.

한국과 중국의 표준은 얼마나 같은가?

글 | **최동근**(한국표준협회 표준정책연구센터, dgchoi@ksa.or.kr)

한중 FTA 발효로 13억 인구의 중국 시장이 한발 더 가까이 왔다. 우리의 최대 교역국이자 수출국인 중국은 자국 산업보호와 육성에 나서고 있으며 보호무역주의를 강화하고 있다. 중국은 전 세계에서 가장 많은 11만 7천여 종의 정부표준을 보유하고 있으며, WTO TBT 협정상 기술기준으로 분류하는 강제표준도 혼재하고 있다. 또한, 중국은 표준과 기술규제 등이 다양하고 복잡하여 정보수집이 어렵다. 이에 비해 양국 무역에 중요한 요소로 작용할 수 있는 국가표준 일치도는 매우 낮은 수준이다. 산업 분야별 구성과 국제·해외선진표준과의 수용도(부합화) 특성에서 상당한 차이를 보인다. 중국의 무역기술장벽을 완화하기 위한 전략 수립과 연구가 필요한 시점이다.

※ 이 글은 2016년 6월 한국표준협회가 발간한 KSA Policy Study 2016-3호 '한중 국가표준(KS-GB)의 주요 특성 갭(gap) 분석 및 시사점'을 칼럼 형태로 재작성한 것입니다. 참고문헌은 한국표준협회(www.ksa.or.kr)에서 확인할 수 있습니다.

한국과 중국의 표준은 얼마나 같은가?

≫ 한중 FTA 시대에 고려해야 할 표준전략

중국은 2015년 우리나라 수출의 26%(1,371억 불)를 차지하는 최대 수출시장이다. 또한 최대 교역대상국이자 최대 대외투자국이다. 이런 환경에서 2015년 12월 한중 FTA가 체결·발효되었다.

하지만 중국의 성장세 둔화와 수입 감소, 무역기술장벽(TBT)을 통한 무역보호정책 확대로 대(對)중국 수출확대가 불투명한 상황이다. 실제로 중국의 WTO/TBT 통보건수는 2015년 111건(세계 4위)으로, 중앙정부 및 지방자치단체의 규제확대가 우리 수출에 장애요인으로 부상하고 있다. 2015년 우리나라가 WTO에 무역에 부정적 영향을 미치는 현안(STC)으로 제기한 8건 중 절반인 4건이 중국의 규제였을 정도다(화장품 라벨링, 의료기기 등록비 기준, 의료기기 감독관리 조례, 리튬이온전지 안전규제).

효율적인 TBT 대응체계 강화와 국가표준전략 수립을 위해서는 주요국의 국가표준 특성에 대한 통계가 필수적이다. 하지만 안타깝게도 국내에 관련 통계연구가 전무한 실정이다. 우리의 수출확대 및 해외시장 개척을 위해 중국·EU·일본·베트남 등 주요 교역국의 국가표준을 분석하고 정책 수립의 기초 통계자료 구축이 시급한 이유다.

중국의 경우 표준과 기술규제 등이 다양하고 복잡하여 정보수집이 어려운 특징이 있다. 따라서 우리 기업의 수출애로 발생 시에 개별적인 대응이 어려운 상황이다. 이 글에서는 중국국가표준(GB) 32,077종과 한국표준(KS) 20,480종의 비교를 통해서 과연 한국과 중국의 표준이 얼마나 닮은 꼴인지를 일차적으로 조사하였다.

〈그림1〉 중국의 표준유형 및 현황

≫ 중국은 전 세계에서 가장 많은 정부표준 보유국

〈그림1〉에서 확인할 수 있듯이 중국은 전 세계에서 가장 많은 11만 7천여 종의 정부표준[1]을 보유하고 있으며, WTO/TBT 협정상 기술기준으로 분류하는 강제표준도 혼재하고 있다. 이 중 국가표준인 GB는 2005년 한국(KS)과 비슷한 규모인 2만 1천여 종이었으나, 2016년에는 KS(20,480종)보다 1.6배 많은 3만 2천여 종으로 성장하였다. 중국의 표준종수는 미

1. 중국 표준정보포털(GB688.cn)에서는 2016년 4월 기준 국가표준 34,442종, 산업표준 94,470종, 지방표준 11,387종을 포함 14만여 종의 표준문헌정보를 제공(일부 폐지표준정보 포함)

국(ANS 11,000종), 일본(JIS 11,769종)보다는 두 배 이상 크고, 독일(DIN 33,877종)과 프랑스(NF 33,614종)와 유사한 규모이다.

중국 GB를 분야별로 보면 농업(7.1%)을 비롯해 환경 및 보건안전도(7.0%), 금속공학(6.8%), 전기공학(6.1%), 식품공학(5.8%)의 비중이 매우 높다. 이를 국제표준(ISO+IEC: 30,387종)과 비교했을 때 GB는 농업(3.7배), 금속(2.4배), 식품(2.3배), 화학(2.3배) 분야의 비중이 상대적으로 매우 크다. 반면, 정보기술·사무기기(0.24배), 통신 (0.38배), 제조(0.63배), 계량측정 및 물리현상(0.63배) 분야의 비중은 상대적으로 매우 작다.

〈그림2〉 한국-중국-국제 표준비중 비교

ICS 분류명칭(코드)	중국표준(GB) 구성비(순위)	한국표준(KS) 구성비(순위)	ISO+IEC표준 구성비(순위)
농업(65)	7.1% (1위)	1.2% (17위)	1.9% (16위)
환경 및 보건, 안전도(13)	7.0% (2위)	6.8% (1위)	6.4% (4위)
금속공학(77)	6.8% (3위)	4.5% (6위)	2.8% (11위)
전기공학(27)	6.1% (4위)	2.2% (13위)	5.8% (5위)
식품공학(67)	5.8% (5위)	5.7% (4위)	2.5% (13위)
화학공학(71)	5.5% (6위)	2.2% (13위)	2.4% (14위)
제조공학(25)	5.2% (7위)	5.1% (5위)	8.2% (2위)
정보기술, 사무기기(35)	4.7% (8위)	6.8% (1위)	9.7% (1위)
고무 및 플라스틱 산업(83)	3.5% (9위)	4.5% (6위)	3.9% (8위)
에너지 및 열 전달공학(27)	3.1% (10위)	1.8% (15위)	1.8% (17위)

GB와 KS를 비교 시 GB는 농업(5.8배), 식품(2.7배), 에너지 열전달(1.7배), 사회학·서비스(1.6배) 분야의 비중이 매우 크다. 반면, 의료(0.55배), 정보기술·사무기기(0.69배), 섬유 및 피혁공학(0.69배), 계량측정 및 물리현상(0.70배) 분야의 비중이 상대적으로 매우 낮다(〈그림2〉 참고).

GB는 임의(권고)표준과 강제표준이 혼재되어 있다. 이 중 강제표준의 비중이 높은 분야는 의료공학(40.4%), 환경 및 보건안전도(34.6%), 가정오락 스포츠(32.5%) 분야 순이다. 반면 강제표준 비중이 낮은 분야는 전자공학(0.4%), 일반기계구조 및 요소(0.6%), 섬유 및 피혁공학(1.9%), 계량 및 측정물리현상(2.0%), 금속공학(2.1%) 등이다.

≫ 한국과 중국의 표준은 과연 얼마나 같은가?

한중 국가표준(KS-GB)을 국제·해외표준의 수용도 비교를 통해 그 유사도를 분석했다. 국제(해외)표준의 도입 수준은 통상 IDT(일치), MOD(부분일치), NEQ(불일치)로 구분하며, 이 중 IDT와 MOD를 수용(부합화)한 표준으로 간주하여 비교했다.

그 결과 중국 GB 중 국제·해외 선진표준을 수용한 비중은 32.9%로, KS의 63.4%의 절반 수준에 불과했다. KS는 ISO, IEC, JTC1, OIML 4개 국제

〈그림3〉 한중 국가표준의 유사도 비교(국제·해외 표준 수용도 분석)

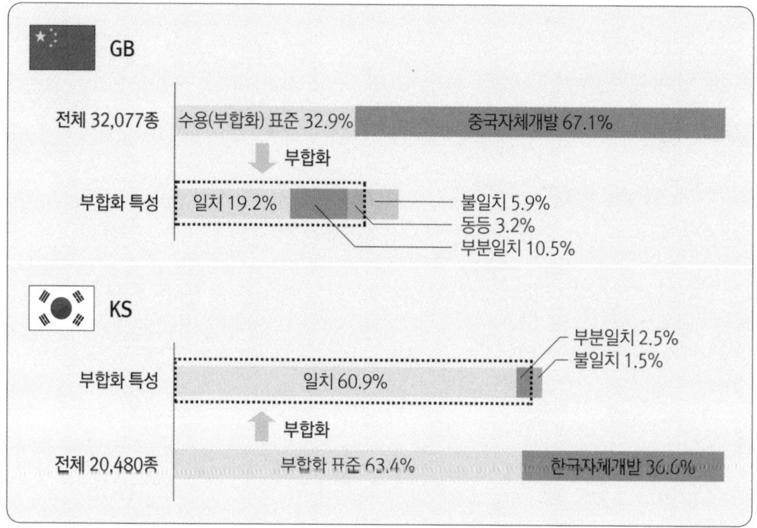

• GB 국제 – 해외표준 수용 비중 : 32.9%(일치 19.2% + 부분일치 10.5% + 동등 3.2%)
• KS 국제 – 해외표준 수용 비중 : 63.4%(일치 60.9% + 부분일치 2.5%)

표준과의 부합화 비중이 거의 대부분을 차지하고 있다. KS 중 EN, ASTM, BS 등 9개 해외기관의 표준의 부합화 비중은 0.61%로, 한국이 중국에 비해 매우 제한적인 국제·해외표준을 수용한 것으로 나타났다. 한편 전체 GB 중 ASTM, EN, JIS, DIN 등 해외표준에 부합화한 비중은 5.7%였다. GB에 부합화된 해외표준기관은 80여 개로 ASTM, EN, JIS, DIN의 비중이 3.2%고, BS, FAO, ANS 등의 기타 해외표준 2.5%를 활용하고 있다. 중국 GB 중 국제·해외표준을 수정 없이 그대로 일치 수용한 비중은 19.2%로서, KS의 60.9%에 비해서 1/3 수준으로 매우 낮았다.

세부적으로 4개 분야의 한중 국가표준의 일치도를 조사한 결과 KS 기준으로 전기차 0%(0종), 화장품 6.7%(1종), 환경보건안전도 4.3%(51종), 식품 11.2%(64종)로 매우 낮은 수준이었다.

전기차 분야 부합화를 분석한 결과 KS는 35종 중 21종(IDT 19종)이 부합화되었고, GB는 20종(IDT 2종)이 부합화되어 KS의 부합화·일치화 수준이 상대적으로 매우 높았다. 부합화 대상 표준의 경우 KS는 IEC(14종) 표준의 비중이 가장 높은 반면에, GB는 ISO(13종)의 비중이 높았다. 한중 국가표준의 일치도는 0%이고, 부분일치 표준도는 KS 기준 29.7%(11/37종), GB 기준 20.0%(12/60종) 수준으로 매우 낮았다.

화장품 분야 부합화 수준을 분석한 결과 KS는 15종 모두 부합화되었고, GB는 1종이 부합화되어 KS의 부합화 수준이 매우 높았다. 화장품 분야 한중 국가표준의 일치도는 KS 기준 6.7%(1/15종)이고, GB 기준 1.2%(1/82종) 수준으로 매우 낮고, 부분일치 표준은 없었다.

환경보건안전도 분야 부합화 자료 분석결과 KS는 1,479종 중 1,057종이 부합화되었고, GB는 2,284종 중 650종이 부합화되어 KS의 부합화 수준이 상대적으로 높았다. 부합화 대상 표준도 KS는 ISO, IEC, EN 등을 참고하였으나, GB의 경우는 OECD, ASTM, UN, DIN 등 매우 다양한 해외 선진표준을 참고했다. 환경보건안전도 분야 한중 국가표준의 일치도는 KS 기준 4.3%(64/1479종)이고, GB 기준 2.8%(64/2,284종)로 매우 저조하였다.

식품 분야의 한중 국가표준을 비교한 결과 양국 표준 중 일치한 종수는 51종으로 KS 452종 기준 11.2%이고, GB 1,589종 기준 2.7%로 매우 낮다. KS는 452종 중 229종이 부합화되었고, GB는 1,859종 중 360종이 부합화되어 KS의 부합화 수준이 상대적으로 매우 높았다. 부합화 대상 표준의 경우 KS는 ISO 중심이나, GB의 경우는 ISO뿐만 아니라 CODEX, ACC, FCC, CAC 등 다양한 해외 선진표준을 참조하였다. 또한 한중 국가표준(KS-GB)의 일치도를 4개 분야에 대해 국제·해외표준 수용 정보를 기준으로 기초 조사한 결과, 0.0%~11.2%로 매우 낮았다.

〈표1〉 식품 분야 한중 국가표준(KS-GB)의 일치도 비교(부합화 자료 기준)

유형구분	한국표준(KS)	중국표준(GB)
1. 일치 - KS: 51종 - GB: 51종	KS H ISO 10504 "전분 유도체....크로마토그래피" ▷ISO 10504:1998 일치(IDT) 등 51종	GB/T 20379 "Starch derivatives.....Chromatography" ▷ISO 10504:1998 일치(IDT) 등 51종
2. 부분일치 - KS: 26종 - GB: 26종	KS I ISO 10399 "관능검사 - 방법론 - 일-이점 검사" ▷ISO 10399:2004 일치(IDT) 등 26종	GB/T 17321-2012 "Sensory analysis method—Duo—trio test" ▷ISO 10399:2004 부분일치(MOD) 등 26종
3. 불일치 A - KS: 152종 - GB: 283종	KS Q ISO 11037 "관능검사-제품 색에 대한 관능 검사 지침서" ▷ISO 11037 일치(IDT) 등 152종	GB/T 18932.3 "Method for the determination of..." ▷DIN 0010761 일치(IDT) 등 283종
4. 불일치 B - KS: 223종 - GB: 1,499종	KS H 1204 "조단백질 함량 시험방법" 등 223종	GB/T 5502-2008 "Inspection of grain and oils..." 등 1,499종

≫ 개방적 · 협력적인 표준개발 전략 필요

살펴본 바와 같이 중국은 한국의 제1위 수출국임에도, 우리 표준과 중국 표준과의 유사점·차이점에 대한 기초 연구가 매우 부족하였다. 이번 조사에서 한중 국가표준(KS-GB)을 비교한 결과 산업 분야별 구성과 국제·해외 선진표준과의 수용도(부합화) 특성에서 상당한 차이를 보였다.

산업 분야별 구성에 있어서 중국 GB는 KS보다 농업(5.8배), 식품(2.7배), 에너지 및 열전달(1.7배), 사회학서비스(1.6배) 등의 비중이 매우 높고, 의료공학(0.6배), 정보기술·사무기기(0.7배), 섬유 및 피혁공학(0.7배)의 구성비중은 매우 낮았다. 또한 GB 중 32.9%가 국제·해외표준을 수용(부합화)하여 KS 63.4%의 절반수준이고, GB 중 국제표준을 수정 없이 도입한 일치수용(IDT)의 비중도 19.2%로 KS(60.9%)의 1/3 수준에 불과하였다. 대(對)중국 수출에 한국과 중국 간의 낮은 일치도는 지속적인 무역장벽으로 작용할 가능성이 크므로, 한중 표준공동개발 및 협력이 필요하다는 점을 시사한다.

향후 국가표준개발의 방향은 첫째로, 제1수출국인 중국과의 무역기술장벽을 완화하기 위해서는 한중 간 표준공동개발, 국제표준공조 및 상호협력 단계적 전략수립과 이행방안 마련이 시급하다. 우리 입장에서는 중국을 국제표준 경쟁상대로 보기보다는 경쟁적 협력파트너로서 인식할 필요가 있다. 둘째로, 중국·미국·유럽·일본 등 주요 교역국과 우리 국가표준을 종합적으로 비교하는 '표준 GAP분석 연구체계'를 확립해 수출확대(TBT 대응)를 지원하는 것이 필요하다. 셋째로, KS 개발 시 ISO, IEC뿐만 아니라 주요 수출국에서 활용되는 GB, EN, JIS, DIN, ASTM 등의 해외표준을 종합 검토하는 고도화된 개방적 표준정책 도입이 필요하다. 끝으로,

단순 국제표준 번역 중심의 KS 개발에서 탈피하여 신(新)교역 환경과 국내시장에 부합하는 국가표준 개발시스템 강화와 재정투자 확대가 시급하다고 할 것이다.

Part 3

INSIGHT 04.

4차 산업혁명을 이끌 파괴적 기술과 표준화

글 | **엄도영**(연세대학교 국제학대학원, dyeom@yonsei.ac.kr)
김동휴(연세대학교 국제학대학원, hugh1225@gmail.com)
이희진(연세대학교 국제학대학원, heejinmelb@yonsei.ac.kr)

파괴적 기술(disruptive technology)은 기존 산업은 물론, 소비자에게까지 미치는 파급효과로 인해 전 세계적으로 관심이 집중되고 있다. 새로운 기술을 주도하는 기업들은 자사의 기술을 표준, 특히 국제표준으로 만듦으로써 세계시장을 선점하고자 한다. 그러나 표준화기구를 통한 공식적인 표준화는 급격한 기술 및 시장 변화에 대응하는 데 시간이 많이 소요되기 때문에 공적 표준화기구를 우회하는 방법들이 선호되고 있다. 파괴적 기술 분야에서 여러 규모의 기업들과 다양한 이해관계자들이 표준이 가져다주는 기술개발의 혜택을 얻기 위해서는 공적 표준화기구에서의 결집된 표준제정의 노력이 필요하다. 파괴적 기술 분야의 표준화와 관련하여 공적 표준화기구의 역할이 시장 메커니즘에 비해 미미한 이유를 전반적으로 살펴보고, 공적 표준화기구와 우리나라의 표준화를 위한 시사점을 도출해본다.

※ 이 글은 2016년 한국표준협회가 주관한 〈제4회 표준정책 마일스톤 연구 – R&D, 기술혁신, 그리고 표준〉의 지원을 받아 수행된 연구 논문 '파괴적 기술 분야에 대한 표준화 전략 연구: 전문가 델파이 조사를 중심으로'를 칼럼 형태로 재작성한 것입니다. 참고문헌은 한국표준협회(www.ksa.or.kr)에서 확인할 수 있습니다.

4차 산업혁명을 이끌 파괴적 기술과 표준화

파괴적 기술(disruptive technology)은 최근 전 세계적으로 관심이 집중되고 있는 기술 분야이다. 세계경제포럼(World Economic Forum)에서는 글로벌 의제로 4차 산업혁명 시대가 시작되었다고 선언하였고, 이에 따라 우리나라에서도 파괴적 기술 혁신에 대응해야 한다는 점이 강조되며 여기에 걸맞는 기술개발 전략을 수립하고 있다. 파괴적 기술은 단기적으로 기존의 기술보다 낮은 성능을 보이지만 상대적으로 저렴한 가격으로 제품을 제공하여 틈새시장의 소비 욕구를 충족시킨다. 그러다가 지속적인 기술개발을 통해 기술의 성능을 향상시켜 점차적으로 주류시장의 욕구를 만족시킬 수 있는 수준에 도달하여 기존 시장을 잠식하게 된다(Danneels, 2004). 10년 내에 구현될 가능성이 높은 파괴적 기술의 후보로는 웨어러블 기기, 자율주행 자동차, 3D프린팅, 초경량 소재, 포스트 배터리, 유전자 치료제 등이 꼽히고 있다(McKinsey Global Institute, 2013; 삼성경제연구소, 2013). 디지털 카메라가 필름 카메라를 소멸시키고 PC가 메인 프레임 컴퓨터를 뛰어넘은 것처럼 오래전부터 파괴적 효과를 실현한 기술도 다수 존재한다.

파괴적 기술에 관한 논의는 표준화기구 차원에서도 활발히 진행되고 있다. 대표적으로, 국제전기기술위원회(IEC)에서는 2015년에 파괴적 기술 특별작업반(IEC ad hoc group 60)을 설치하여 파괴적 기술이 기존 기술위원회(Technical Committee)들의 표준화 활동에 어떤 영향을 미치고, 향후 IEC는 이러한 기술들의 표준화에 어떻게 대응해야 하는지를 알아보고 있다(IEC, 2015). 이 글은 파괴적 기술과 관련하여 세계 시장을 주도하는 기업들의 표준화 활동이 IEC에서 저조하다는 문제의식으로부터 출발하였다.

표준과 혁신의 관계는 많이 논의되어 왔는데, 파괴적 기술을 직접적으로 표준화와 연결한 연구는 지금까지 찾아볼 수 없었다. 국제표준화기구에서 파괴적 기술 분야를 활발히 다루고 있지만 지금까지 파괴적 기술과 표준이 학술적으로 다루어지지 않았다는 점에서 이 연구의 의의가 있다.

이 분야에서는 표준화 전략을 도출하기 위한 분석 틀이 없기 때문에 표준 및 파괴적 기술 분야 전문가들을 대상으로 델파이(delphi) 조사를 수행하여 의견을 모으고자 한다. 이 글에서는 파괴적 기술의 특성이 무엇인지 알아보고 파괴적 기술의 표준화 활동이 공적 표준화기구에서 저조한 요인과 파괴적 기술 분야의 R&D와 표준화 참여 연계를 저해하는 요인을 분석하고자 한다. 또한 공적 표준화기구의 문제점을 해결하기 위해서는 어떤 방안이 마련되어야 하는지 전문가들의 의견을 바탕으로 제안하고자 한다.

≫ 파괴적 기술이란 무엇인가?

파괴적 기술이라는 개념은 Bower와 Christensen(1995)에 의해 널리 사용되기 시작하였다. 파괴적 기술은 단기적으로 주류시장의 욕구를 만족시키지 못하지만 기술개발을 통해 기존 시장을 잠식하게 되는 현상으로 혁신을 설명한다. 파괴적 혁신(disruptive innovation) 이론은 제품뿐만 아니라 서비스 및 비즈니스 모델의 혁신을 포괄하기 위한 목적으로 등장하게 되었다.

파괴적 기술이란 개념이 세상에 알려진 후, 파괴적 혁신의 특징은 다양한 방식으로 설명되기 시작하였다. 학술적으로는 파괴적 기술을 상당히 좁은 의미로 정의한다. Govindarajan과 Kopalle(2006)에 의하면, 파괴적 혁신이 제안하는 특성은 다수의 소비자가 중요시하는 특성보다 열등하여 주류시장의 소비자들이 가치를 두지 않는 것이고, 기존 제품보다 더 저렴하고 단순하다는 것이다. 초기에는 가격에 민감한 소비자층에게만 새로운 가치를 제안하지만 점차 그 가치가 틈새시장에서 주류시장으로 확산될 수 있어야 한다. Kostoff 외(2004)의 연구에서는 파괴적 기술로 소비자들에게 제공되는 제품과 서비스가 크기, 무게, 가격, 유연성 및 편리성, 신뢰성, 효율성, 조작의 간편성 측면에서 이점이 있다고 설명한다. 또한 파괴적 기술은 전혀 다른, 이질적인 기술의 결합이라 할 수 있다.

실무적인 관점에서는 파괴적 기술을 보다 더 포괄적이고 거시적으로 바라본다. 삼성경제연구소(2013)의 보고서에 의하면, 파괴적 기술에 의해 기존 산업에서의 경쟁우위와 생태계가 변화하게 되고, 산업 간 경계가 모호해지며 융·복합이 촉진된다. 또한, 일반 소비자, 정부나 기업의 정책, 규제 및 행태가 모두 변화하게 되어 신시장과 신사업이 창출된다. McKinsey Global Institute(2013)는 기술이 빠른 속도로 변하고, 영향을 미치는 범위가 넓고, 막대한 규모의 경제적 가치에 영향을 미치며, 경제에 파괴적인 영향을 미칠 잠재력이 있는 것이 파괴적 기술의 요건이라고 설명한다. 파괴적 기술과 관련한 비판이 다수 제기되기도 하였는데, 사전적으로 어떤 기술이 파괴적이 될지 예측하기 어렵다는 점이 주로 지적되었다(Danneels, 2004).

≫ 공적 표준화기구에서 신기술의 표준화 활동이 부족한 이유

표준화는 집단적 합의와 시장의 메커니즘, 이 두 가지 방법으로 진행된다. 공적 표준화기구는 자체적인 공식 의사결정 절차에 따라 표준을 제정하고, 각 기술 분야의 기술위원회를 중심으로 활동이 이루어진다. ISO, IEC, ITU가 대표적인 국제표준화기구이고, CEN, CENELEC, ETSI가 지역기구로서 표준을 제정한다. 포럼 또는 컨소시엄(consortium)은 특정 기술을 중심으로 이해가 일치하는 기업, 단체, 개인이 구성원이 되어 표준을 제정하는데, 이는 시장 메커니즘에 의한 표준화로 분류할 수 있다.

새로운 기술과 관련하여 공적 표준화기구의 역할을 조명한 연구가 여럿 있다. 새로운 기술보다 기존의 기술을 지원하는 경향이 있다는 것이 기술위원회를 기반으로 한 표준화 과정의 약점으로 꼽힌다(Funk & Methe, 2001). 특정 제품이나 기술에 기반을 둔 표준화위원회는 혁신적이고 새로운 솔루션의 개발과 활용을 저해할 수 있다는 점이 강조되기도 하였다(Optimat, 2014). 전통적인 표준화기구의 과업은 현존하는 다양한 규격들(specifications) 중에서 표준을 정하는 것에 치중되어 있는데, 이러한 방식은 기술의 변화가 빠른 분야에서는 적절성이 떨어진다(David & Shurmer, 1996).

공적 표준화기구의 절차나 원칙, 제도에 대한 논의는 오래전부터 진행되어 왔다. 합의의 원칙(consensus principle)은 단순 과반수보다 더 강한 합의에 이르기를 요구하고(Farrell & Saloner, 1988), 기존의 이해관계자들에게 새로운 기술의 채택을 막거나 최소한 지연시킬 수 있는 힘을 준다(Simcoe, 2012). 공적 표준화기구에 속한 위원회의 전문성과 멤버십은 과거 산업 구조에 바탕을 두고 있고, 표준제정 과정에 참여하지 못하는 소규모 기업의 구성원들과 사용자들이 존재할 수밖에 없다(David & Shurmer, 1996). 그래서 원칙적으로는 모든 이해당사자에게 개방되어 있지만, 실제로는 멤버십이 특정 이해관계자 집단에 제한되어 있다고 할 수 있다. 공적 표준화기구의 기술위원회에서 표준화 작업을 지연시키는 원칙과 가이드라인을 컨소시엄에서는 자유롭게 생략할 수 있기 때문에 상대적으로 컨소시엄에 이점이 있다.

≫ R&D와 표준화 연계를 방해하는 장벽

R&D의 결과를 공적 표준화 과정에 반영시키는 것엔 여러 장벽이 존재한다. 먼저, 표준화에 소요되는 기간이 길고 참여 비용이 높다. 표준화의 이점에 대한 연구자들의 인식이 부족하고 연구결과를 표준으로 만들기 위해서는 추가적인 작업이 요구된다. 표준화기구와 관련된 인적, 조직적 연결고리가 부족하면 표준화 과정에 참여하는 데 한계가 있다. 또한, 연구자의 입장에서 기술적 노하우가 충분히 보호되지 않는다거나 지식재산권(특허)이 표준화 과정에 걸림돌이 된다고 생각할 수도 있다(Blind & Gauch, 2009).

일반적으로 표준화 과정에서 중소기업의 참여도는 높지 않은데, 이런 원인으로는 시간 및 인력 부족과 재정상의 부담을 들 수 있다. 표준화 과정에 적극적으로 참여하여 영향을 미칠 수 있다는 인식의 부족, 기업의 이익을 위한 참여의 중요성에 대한 인식의 부족, 참여할 표준화 프로젝트를 추적하는 문제, 참여 결정에 관한 문제, 효과적 참여 역량에 관한 문제, 참여 효과를 평가하는 문제, 새로운 표준화 활동에 착수하는 문제로 인해 중소기업들은 표준화 과정에 참여하는 혜택을 누리지 못한다고 한다(De Vries et al., 2009).

앞서 제시된 요인들 외에도 표준화기구의 위원회에 속한 기존의 멤버들이 새로운 표준개발을 막을 수 있고, 개별 연구자들의 기여가 표준에서 인정되지 않으며 보통 연구 프로젝트에 소요되는 기간보다 표준화에 소요되는 기간이 길다는 점이 R&D와 표준화 참여의 연계를 저해한다(Optimat, 2014)

≫ 파괴적 기술: 소비자의 선택에 의해 신시장 및 신사업 창출

이 글에서는 순위 형식(ranking-type)의 델파이 조사(Schmidt, 1997; Okoli & Pawlowski, 2004)를 목적에 맞게 수정하여 수행하였고 총 12명의 전문가가 참여하였다. 2차에 걸친 설문 단계를 거쳐 문헌 연구를 바탕으로 도출한 세 개의 질문 영역별로 중요도에 따른 항목의 최종 순위를 도출하였다. 파괴적 기술 분야의 표준화 전략을 도출할 때, 최종 순위가 높은 요인을 우선적으로 고려했다. 먼저, 파괴적 기술의 특성에 관한 전문가 의견을 살펴보도록 한다.

파괴적 기술의 특성으로 전문가 패널이 중요하게 생각하는 내용의 순위가 〈표1〉에 나타나 있다. 파괴적 기술의 특성에 관한 목록에는 Christensen의 연구를 비롯한 학술 연구와 기업 연구소에서 분석한 정의와 특성이 나열되었는데, 그 중 후자에서 대다수의 항목들이 선택되었고 최종적으로 상위권을 차지하였다.

〈표1〉 파괴적 기술의 특성 중요도

순위	요인 항목
1위	소비자의 행동 및 사고를 변화시켜 신시장, 신사업 창출
2위	기존 산업의 경쟁 질서를 변화시키고 기존 기업의 핵심역량에 도전
3위	기술의 적용 범위가 확장되어, 여러 기업과 산업을 아우르고 넓은 범위의 기계, 제품 또는 서비스에 영향을 미침
4위	가격과 성능이 빠른 속도로 향상됨
5위	막대한 경제적 영향을 미칠 잠재력이 있음
6위	유연성 및 편리성 증대

파괴적 기술의 특성을 가장 잘 설명하는 항목으로서 1위에 선정된 요인은 '소비자의 행동 및 사고를 변화시켜 신시장, 신사업 창출'로 나타났다. 파괴적 기술의 등장으로 소비자의 선택이 변화되어 미래 산업이 재편된다는 점이 전문가들이 판단하기에 파괴적 기술의 가장 중요한 특성인 것으로 드러났다.

파괴적 기술을 핵심 주제로 다루고 있는 공적 표준화기구 위원회의 위원은 이 요인을 파괴적 기술의 특성을 가장 정확히 기술하고 있는 내용이라고 평가하였다. 한 전문가는 "파괴적 기술로 신시장, 신사업뿐만 아니라 정부의 정책 방향도 바뀔 것"이라 판단되며 "이로 인해, 소비자의 욕구가 증가함에 따라 전혀 새로운 신시장 및 신사업 분야가 등장할 것"이라고 하였다. 3D프린팅과 스마트폰이 소비자의 행동이나 습관을 혁신적으로 변화시켜 새로운 시장을 창출하는 사례로 제시되었다. "제품이나 서비스는 결국 소비자의 선택에 의해 성공 여부를 판별"할 수 있다고 한 전문가의 설명처럼 기술 변화로 인한 소비자의 행동 변화가 중요한 것으로 드러났다.

2위로는 '기존 산업의 경쟁 질서를 변화시키고 기존 기업의 핵심역량에 도전'하는 점이 꼽혔는데, 1순위 요인과 평균 순위에 있어 큰 차이가 나지 않았다. 전문가들의 의견에 따르면, 파괴적 기술은 기존 기업의 핵심역량에 도전함으로써 새로운 시장을 창출하게 되고, 소비자의 관심과 시장이 변하면서 기존 산업의 경쟁 방식 또한 변화된다. 아날로그 카메라에서 디지털 카메라로 시장 질서가 변할 때 캐논이 기술개발을 주도하여 니콘을 앞지른 것이 과거의 사례로 제시되었고, 최신 사례로는 전기차와 자율주행차가 기존의 자동차산업을 흔들어 새로운 시장 질서를 확립하려는 것을 들 수 있다. 후자와 같은 경우에는 파괴적 기술이 기존 산업의 경쟁 질서를 실제로 변화시키는지 여부에 대한 중장기적 관찰이 필요하다는 점이 강조되었다.

세 번째로 중요한 것으로 판별된 요인은 '기술의 적용 범위가 확장되어, 여러 기업과 산업을 아우르고 넓은 범위의 기계, 제품 또는 서비스에 영향을 미치는 것'이다. 파괴적 기술은 기존 기술의 경계를 무너뜨리고, 기존의 경쟁 질서에 대한 도전이 융·복합화된 형태로 일어나게 함으로써 다양한 서비스 영역까지 영향을 미치는 등 그 파급 효과가 상당한 것이 중요한 특성이라고 할 수 있다. 한 전문가는 파괴적 기술의 핵심은 "크로스오버(crossover)를 주도하는 기술이 타 산업 서비스를 견인하는 역할"이라고 피력하였다. 웨어러블 디바이스(wearable device)가 게임뿐만 아니라 직접 체험을 통한 여행이나 현장 교육을 대체하는 등 교육 시장의 변화를 불러오는 것이 파괴적 기술이 갖는 넓은 영향력을 보여준다고 할 수 있다.

파괴적 기술의 특성에 대한 전문가의 의견은 대개 일치하는 것으로 나타났다. 기존에 설명되었던 효율성, 물리적 편리성, 조작의 간단함 등 기술 그 자체의 특성과 기술을 응용하여 제공되는 제품 및 서비스의 특성은 여전히 중요하다. 그런데 조사결과를 보면, 기존에 우세한 기업과의 관계, 기존 산업에 초래하는 변화, 타 산업과의 연관성, 새로운 시장 및 사업에 미치는 영향 등 보다 큰 그림을 보는 관점이 높은 순위를 차지한 것을 확인할 수 있다. 따라서 표준화기구에서 파괴적 기술에 대한 정의를 내리거나 후보군을 발굴할 때, 이러한 관점에 대한 세심한 고려가 필요하다 하겠다.

≫ 공적 표준화기구: 파괴적 기술 표준화 시기의 중요성

파괴적 기술 분야의 표준화에 대해 공적 표준화기구의 역할이 미미한 이유를 〈표2〉에 정리하였다. 주로 컨소시엄의 상대적 이점, 공적 표준화 기구의 절차와 멤버십에 관한 문제가 중요 요인으로 선택되었다.

컨소시엄이 파괴적 기술 분야에서 공적 표준화기구에 비해 상대적으로 '유연성과 신속성 측면에서 이점이 있다'는 점이 1순위 요인으로 선정되었다. 파괴적 기술에 있어서 유연하고 빠른 표준화가 핵심인데, 공적 표준화기구는 유연성과 신속성이 떨어지는 한계를 갖고 있다. 다시 말해, 파괴적 기술 분야에서는 표준화의 시기(timing)가 상당히 중요하다. 공적 표준화기구에 비해, 컨소시엄은 '표준의 제정 기간이 통상 1-2년으로, 공적 기구의 3-4년에 비해 절반 수준으로 신속한 제정이 가능'하기 때문에 소요

〈표2〉 공적 표준화기구의 문제점 중요도

순위	요인 항목
1위	컨소시엄은 유연성과 신속성 측면에서 이점이 있다.
2위	전통적인 표준화기구의 과업은 현존하는 다양한 규격들 중에서 표준을 정하는 것에 치중되어 있는데, 이러한 방식은 기술의 변화가 빠른 분야에서는 적절성이 떨어진다.
3위	위원회의 전문성과 멤버십이 여전히 과거의 산업 구조에 바탕을 두고 있다.
4위	원칙적으로 모든 이해당사자에게 개방되어 있지만, 실제로는 멤버십이 특정 이해관계자 집단에 제한되어 있다.
5위	표준화기구 기술위원회의 표준화 작업을 지연시키는 원칙과 가이드라인을 컨소시엄에서는 자유롭게 생략할 수 있다.
6위	합의의 원칙은 기존의 이해관계자들에게 새로운 기술의 채택을 막거나 최소한 지연시킬 수 있는 힘을 준다.
7위	위원회에서는 표준이 제정되기까지 시간이 더 오래 걸린다.

기간의 측면에서 이점이 있다. 또한, 컨소시엄은 '느슨한 연합체로 영역을 넘나드는 이해관계자의 자유로운 참여와 의견 개진'이 가능하다는 점에서 조직의 유연성이 있고, 이로 인해 '상대적으로 신기술에 대한 수용도가 높다'는 점이 강조되었다.

2위 요인으로는 표준화기구가 전통적으로 현존하는 규격들 중에서 표준을 정하는 데에 치중되어 있는데, 이러한 방식은 기술의 변화가 빠른 분야에선 적절성이 떨어진다는 것이 선정되었다. 그 이유로 '파괴적 기술은 이를 제안한 기업 단위로부터 시작되는 경우가 많아, 현존하는 산업계 수준의 규격은 존재하지 않는 경우가 많다'는 것이 제시되었다. 공적 표준화기구는 기존의 기술과는 다른 파괴적 기술을 수용하고 이에 대한 표준화를 논의하기 어려운 측면이 있다.

뒤이어 공적 표준화기구의 위원회가 기존 산업의 전문가들로 구성되었다는 점에서 위원회의 '멤버십'에 관한 요인이 3위로 선정되었다. 의견을 같이하는 일부 전문가들은 과거 산업 구조에 바탕을 둔 기술위원회가 파괴적 기술 분야에 대한 표준화의 반응 속도를 저하시킨다고 설명하며 공적 표준화기구의 멤버십 구성에 대한 문제점을 제시하였다. 결국, 3위 요인과 4위에 선정된 '멤버십이 특정 이해관계자 집단에 제한'된다는 멤버십 구성의 특성으로 인해 5위, 6위, 7위에 포함된 시간 지연의 결과가 나타나기에 공적 표준화기구에서 파괴적 기술을 다루는 것이 어렵다고 얘기할 수 있다. '합의의 원칙은 hold-up 전략에 유용한 도구로 활용'되기도 한다. 기존 기술에 이해관계가 얽혀 있는 참여자들의 입장에서 파괴적 기술은 기존 시장을 위협하기 때문에 파괴적 기술에 대한 표준화를 신속하게 추진하기보다 기술이 성숙될 때까지 기다리려는 경향이 생길 수 있다는 의미이다. 이를 종합하면, 공적 표준화기구의 멤버십과 절차적 규정으로 인해 파괴적 기술 분야의 표준화가 지연될 수 있음을 의미한다.

≫ 기업의 R&D와 표준화 참여: 이윤창출 활동과의 연결고리 부재

표준화기구에의 참여와 파괴적 기술 분야의 기술개발 및 응용이 연계된다면 혁신의 결과물을 확산시킬 수 있는 역량이 생긴다. 그런 기업의 R&D와 표준화 참여 연계를 저해하는 요인은 〈표3〉과 같다.

'표준화 활동이 기업의 이윤창출과 직접적으로 연결되지 않는다는 부정적인 인식의 존재'가 R&D와 표준화 연계를 저해하는 1순위 요인으로 나타났다. 80% 이상의 전문가들이 이를 가장 중요한 요인으로 선택한 이유로는 단기적 이윤 창출 부족, 이윤 창출에 성공한 사례 부재 및 표준화의 필요성에 대한 인식 부족을 들었다. 기업이 단기적 성과에 관심을 기울이고 이를 기준으로 실적을 평가받기 때문에 장기적 관점에서 투자를 필요

〈표3〉 R&D와 표준화 참여 연계의 장벽 중요도

순위	요인 항목
1위	표준화활동이 기업의 이윤창출과 직접적으로 연결되지 않는다는 부정적인 인식이 존재한다.
2위	보통 기업에서 행해지는 연구 프로젝트에 소요되는 기간보다 표준화에 소요되는 기간이 길다.
3위	표준화의 이점에 대한 인식이 부족하다.
4위	표준화 과정에 적극적으로 참여하여 영향을 미칠 수 있다는 인식이 부족하다.
5위	표준화기구와 관련된 인적, 조직적 연결고리가 부족하다.
6위	연구결과를 표준으로 만들기 위한 추가적인 작업이 필요하다.
7위	재정적 자원이 부족하다(참여의 비용이 높다).
8위	R&D와 연관이 있는 표준과 표준화 프로젝트가 무엇인지 확실하지 않다.

로 하는 표준화 활동이 기업 성과에서 긍정적인 평가를 받기 어렵다는 의견이었다. '표준화의 영향이 비용절감과 같은 직접적인 부분은 미미한 반면 시장주도력 확보와 같은 간접적인 부분이 정확히 계산되지 않기 때문에 R&D와 관련한 표준화 활동에 대하여 부정적 시각을 가지고 있다'는 점이 강조되었다. 표준화 참여 성과의 불확실성 또한 표준화 활동에 대한 부정적인 인식과 연결되어 있음을 확인할 수 있다.

표준화의 필요성과 이점에 대한 인식 부족은 1순위와 밀접한 연관성이 있다. 기업에서는 새로운 기술에 대한 표준화 작업을 통해 성공한 사례가 거의 없고, 근본적으로 국내 산업이 혁신적인 기술을 바탕으로 성장하지 않고 소위 말하는 빠른 추종자(fast follower) 역할로 성공했기 때문에 선도자(first mover) 역할을 수행하는 데 필요한 파괴적 기술뿐 아니라 그에 따른 표준개발과 기술 능력이 부족하다는 의견이 표준화의 필요성에 대한 인식 결여를 시사한다.

≫ 공적 표준화기구의 유연성 및 신속성 확보

파괴적 기술은 소비자의 행동과 사고를 혁신적으로 변화시켜 신시장을 창출하는 기술 분야로서 유연하고 신속한 표준화가 그 핵심이다. 그렇기 때문에 표준화를 통해 기술과 제품의 안전성에 대한 합의 달성, 상호운용성 확보, 혁신적 기술의 확산을 이루기 위하여 표준화의 시기가 중요하다. 공적 표준화기구는 각국을 대표하는 표준화기관, 다양한 규모의 기업과 사회단체 등 여러 이해관계자들이 표준제정에 참여할 수 있는 장을 마련한다. 공적 표준화기구를 통해 분산되지 않고 조화된 표준화를 추진하기 위해선 유연성과 신속성을 갖춘 적절한 방안이 필요하다.

먼저, 공적 표준화기구 내에서 조직의 유연한 운영이 필요하다. 델파이 조사에 참여한 전문가들 중 일부도 유연성을 중요시하는 관점에서 파괴적 기술에 대응할 수 있도록 파괴적 표준을 위한 임시 위원회의 구성과 특별기구의 설치를 제안하였다. 실제로 IEC에서는 다양한 의제로 특별작업반을 설치하여 기존에 설립된 기술위원회에서 다루지 못하는 내용에 신속하게 대응하기 위해 노력하고 있다. 그중 대표적인 사례가 글의 도입부에 간략히 언급한 파괴적 기술을 연구하는 특별작업반(IEC ahG 60)이다. 잠재력 있는 파괴적 기술을 발굴하고 표준화를 추진하기 위해 헬스케어 시장과 같은 세부 분야를 선정하여 규제, 비즈니스 모델, 시장 환경 등을 연구하고 그 결과를 표준화 관리 이사회(IEC/SMB: Standardization Management Board)에 보고하였다.

이 외에도 IEC에서는 조직의 유연한 운영을 촉진시키는 것에 초점을 둔 특별작업반을 자체적으로 구성하기도 하였다. 표준화 프로젝트 관리(Standardization Project Management)에 관한 특별작업반(IEC ahG 58)

을 설치하여 표준 사용자들이 기대하는 기간 내에 완성된 표준이 개발될 수 있도록 프로젝트 관리 툴과 훈련 과정을 제공하는 작업을 수행하고 있다(IEC, 2016). 그 결과, 표준제정 단계별로 투표 기간을 단축하는 데 합의하였다(IEC, 2015).

공적 표준화기구의 표준화 절차를 간소화하는 방안으로 일부 전문가들은 패스트 트랙(fast track) 절차를 광범위하게 활용하는 것과 잠정표준, 연구단계의 표준 등의 제도 활성화를 제안하기도 했다. 현 상황에 대응하기 위해서 이와 같은 절차의 간소화 및 조직의 유연성 증대 방안을 고려할 필요가 있고, 다른 공적 표준화기구에서도 IEC와 같은 제도를 도입할 수 있을 것으로 판단된다.

≫ 공적 표준화기구와 컨소시엄의 연계

파괴적 기술 분야 관련 기업들의 참여를 증진시키기 위해 컨소시엄에서 표준화 활동을 하고 있는 기업 및 단체들과 협력할 필요가 있다. 델파이 결과에 따르면, 공적 표준화기구 위원회에서는 기존 멤버들의 영향력이 크기 때문에 신규 참여 기업은 폐쇄적인 멤버십 구성과 의사결정 과정을 진입 장벽으로 인식하게 된다. 이러한 이유로 기업이 컨소시엄으로 발길을 옮기게 되면 산업계가 필요로 하는 파괴적 기술표준을 만드는 데 공적 표준화기구의 기여가 낮아질 수 있다. 파괴적 기술의 경우, 표준의 채택 절차를 관련 컨소시엄과 연계하여 그 결과를 신속하게 받아들임으로써 공적 표준화기구의 표준화 절차를 단축시키고 관련 기업들과의 협력을 확대할 수 있을 것이다. 따라서 컨소시엄에서 만드는 표준을 신속히 흡수할 수 있는 메커니즘을 개발할 필요성이 있다.

헬스케어 분야에서는 컨소시엄을 중심으로 e-헬스에 대한 표준화가 활발하게 이루어지고 있으나 상이한 표준에 근거한 의료 정보시스템이 개발됨에 따라 분산된 시스템 간의 상호운용성을 보장하는 문제가 시급해졌다(DeNardis, 2012). 그래서 점점 컨소시엄 간 협력이 확대되는 중이고, 보건의료정보 기술위원회인 ISO/TC 215에서도 공적 표준화기구 밖에서 채택된 표준을 받아들이고 있다. 이 사례는 공적 표준화기구와 컨소시엄 간의 연계가 충분히 이루어질 수 있는 가능성을 보여준다.

≫ 파괴적 기술 표준화를 위한 우리의 고려사항

파괴적 기술혁신을 유도하기 위해서는 많은 보완재 간의 결합으로 다양한 제품들이 시장에 나와 소비자들의 잠재적 수요를 이끌어낼 수 있는 경쟁 질서가 우선 확립되어야 한다. 개방형 인터페이스 표준 설정은 모듈 업체 간의 협력과 경쟁을 통해 다양한 제품이 나타나는 비즈니스 생태계 조성에 매우 중요한 역할을 한다(김동휴 외, 2015). 따라서 우리나라는 표준화 정책 측면에서 이러한 점을 고려해야 한다.

산업 내의 표준화 활동에 대한 기업의 부정적 인식을 해소하여 표준화 참여를 장려하기 위해서는 정책적 차원에서 파괴적 기술을 표준화하여 성공적인 비즈니스 모델을 만든 우수 사례를 발굴할 필요가 있다. 기업이 표준화에 참여함으로써 얻을 수 있는 효용가치에 대한 인식을 제고하는 방법으로 일부 전문가들은 파괴적 기술이 ISO, IEC 표준화를 통해 성공적인 사업화에 기여한 표준화 성공사례집을 발간하는 것을 제안하였다. 특히 파괴적 기술은 이러한 모델 개발이 필수적이기 때문에 기업의 부정적 인식을 해소하고 우수 사례를 확산시키기 위한 정책적 기반이 마련되어야 한다.

모든 R&D가 표준화와 연계될 필요는 없다. 따라서 우리는 R&D 범위를 보다 세분화하여 표준화와 직접적으로 연결되는 부분에 대해서 정책적 지원을 해야 하며, 분야별로 차별화된 표준화 전략을 추진해야 한다. 현재 우리나라는 대개의 경우, 표준화가 필요한 R&D의 범위가 불분명하기에 표준화 수요와 R&D가 연결되어야 하는 프로젝트가 무엇인지 먼저 명확히 정의할 필요가 있다.

Next Standards 2017 | 표준, 4차 산업혁명 시대를 열다

발 행 일	2016년 12월 1일 초판 1쇄 발행
발 행 인	백수현
발 행 처	한국표준협회
주 소	서울특별시 강남구 테헤란로 305(역삼동 701-7) 한국기술센터 20층
전 화	02-6009-4850
팩 스	02-6919-4012
홈 페 이 지	www.ksa.or.kr
편집·디자인	한국표준협회미디어(02-2624-0360)
I S B N	979-11-6010-003-7 03320
값	12,000원